klar

Arbeitsbuch

von
Gudrun Pause

Ernst Klett Verlag
Stuttgart · Düsseldorf · Leipzig

Inhalt

na klar!
Arbeitsbuch

von
Gudrun Pause

Beratung
Peter Hubertus, Alphabetisierungs-Pädagoge,
Bundesverband Alphabetisierung e. V, Münster

1. Auflage A1 4 3 2 1 | 2002 2001 2000 1999

Alle Drucke dieser Auflage können im Unterricht nebeneinander benutzt werden, sie sind untereinander unverändert. Die letzte Zahl bezeichnet das Jahr des Druckes.

© Ernst Klett Verlag GmbH, Stuttgart 1999.
Alle Rechte vorbehalten.
Internetadresse ◆ http://www.klett-verlag.de

Redaktion ◆ Jürgen Genuneit
Gestaltung ◆ Christine Schneyer

Druck ◆ Druckerei Auer, Donauwörth.
Printed in Germany.
ISBN ◆ 3-12-554702-4

1. **Reden** — Seite 5
2. **Geld** — Seite 13
3. **Musik** — Seite 21
4. **Stars & Idole** — Seite 31
5. **Arbeit** — Seite 39
6. **Bewerbung** — Seite 43
7. **Zeit** — Seite 53
8. **Gefühle** — Seite 63
9. **Körper** — Seite 71
10. **Recht & Gesetz** — Seite 79
11. **Wohnen** — Seite 85

Rückblick — Seite 92
Stichworte — Seite 93

Reden

In diesem Kapitel lernen Sie:

Texte und Situationen
→ sich vorstellen
→ jemanden ansprechen
→ telefonieren
→ Rederegeln
→ diskutieren in der Gruppe

Raus mit der Sprache!!!
→ Wortfamilien
→ Wörter zusammensetzen
→ Begleiter
→ Wortfelder
→ Hauptwörter
→ Hauptwörter mit den Endbausteinen -heit, -ung, -keit, -schaft

Rechtschreibung
→ Groß- und Kleinschreibung

Sich vorstellen

1 Wer? Wo? Mit wem?
Wer spricht hier?
Wo spricht er/sie und mit wem? Beantworten Sie diese Fragen
und unterstreichen Sie die wichtigsten Wörter in jedem Text.

A
Guten Tag.
Mein Name ist Tatjana Rubalkow.
Ich bin 17 Jahre und besuche zur Zeit
das BVJ an der Oskar-von-Miller-Schule.
Ich möchte Sie fragen, ob Sie
Praktikantinnen nehmen.

Wer: _eine BVJ-Schülerin_

Wo: _____

Mit wem: _____

B
Hallo!
Mein Name ist Schröder.
Ich werde in dieser Klasse Deutsch unterrichten.
Ich bin schon seit acht Jahren
an dieser Schule und hoffe, wir kommen
gut miteinander klar.

Wer: _____

Wo: _____

Mit wem: _____

C
Hi! Ich heiße Uli.
Bin neu hier.
Braucht ihr vielleicht noch jemanden?
Ich spiele ganz gut und würde gern
bei euch mitmachen!

Wer: _____

Wo: _____

Mit wem: _____

2 Welche Begrüßung?
Was würden Sie wo sagen? Verbinden Sie mit einem Strich.

1. „Hi!"
2. „Guten Tag!"
3. „Hallo!"
4. „Tag!"

A. Vorstellung für einen Job
B. Fußballtraining
C. Verabredung mit Freund/Freundin
D. Gespräch mit Sachbearbeiter/in auf dem Arbeitsamt
E. Klamotten kaufen

Reden

Kennen lernen

1 Anmache im Schwimmbad

Sie stehen in der Schlange, um ein Eis zu kaufen.
Der Junge/das Mädchen vor Ihnen gefällt Ihnen gut.
Wie können Sie ihn/es ansprechen?

A Was sagt ein schüchterner Typ?

_____
_____

B Was sagt ein normaler Typ?

_____
_____

C Was sagt ein sehr selbstbewusster Typ?

_____
_____

Welcher Typ hätte bei Ihnen Erfolg? Buchstabe ____
Was würden Sie ihm antworten? Schreiben Sie auf:

_____
_____

2 Ein Telefongespräch

■ Schneider.
● Ist die Sandra da?
■ Wer spricht denn da?
● Ich bin's, Benni.
■ Welcher Benni?
● Na, von heute Morgen!
■ Kenn ich nicht. Was wollen Sie?
● Ist die Sandra da?
■ Nein. *(legt auf)*

Mit wem spricht Benni wohl?

_____

Das Gespräch lief nicht gut.
Unterstreichen Sie die Stellen,
wo jemand anders antworten sollte.

Schreiben Sie rechts ein besseres Gespräch.

■ *Schneider.*
● _____
  _____
  _____
  _____
  _____
  _____
  _____
  _____
  _____
  _____

Argumente

1 Warum?

Lesen Sie das Gespräch im Schülerbuch auf Seite 10.
Nicht alle sagen klar, wo sie hingehen wollen und warum.
Welche der folgenden Sätze können Sie ergänzen?

Bo will _____ gehen, weil _____
_____

Lena will _____ gehen, weil _____
_____

Yussuf will _____ gehen, weil _____
_____

Janine will _____ gehen, weil _____
_____

Micha will _____ gehen, weil _____
_____

Wer hat Ihrer Meinung nach einen guten Grund, ein gutes Argument?
_____

2 Rederegeln

Kreuzen Sie die Regeln an, die Sie sinnvoll finden:

- ☐ **A** Jeder darf seine Meinung sagen und ausreden.
- ☐ **B** Der Lautere darf immer zuerst reden.
- ☐ **C** Nur wer richtig zuhört, darf auch etwas sagen.
- ☐ **D** Jeder darf nur eine Minute reden.
- ☐ **E** Man sollte für seine Meinung Argumente nennen.
- ☐ **F** Mädchen dürfen zuerst reden.

Welche Regeln finden Sie nicht gut?
Schreiben Sie auf, warum nicht.

_____
_____
_____
_____

Reden

Raus mit der Sprache!!!

1 Wortfamilie „hören"

Im Schülerbuch auf Seite 13 erfahren Sie, was Wortfamilien, Bausteine und ein Familienstamm sind.
Welchen Stamm hat die Wortfamilie im Kreis?

Familienstamm:

_____

> Hörer
> zuhören • Verhör
> Angehörige • ungehörig
> mithören • Gehör • aufhören
> anhören • verhören • hörig
> überhören • hörbar • gehört
> Zubehör • unerhört • Zuhörer
> abhören • Anhörung
> Ungehörigkeit
> gehörlos

Unterstreichen Sie im Kreis alle Anfangsbausteine rot und alle Endbausteine blau.
Kreuzen Sie an, wie viele verschiedene es sind.

Anfangsbausteine:
☐ 8   ☐ 10   ☐ 13

Endbausteine:
☐ 6   ☐ 9   ☐ 12

na klar!

Am Wort-Anfang können **mehrere Anfangsbausteine** hintereinander stehen:
→ un/er/hört

Am Wort-Ende können **mehrere Endbausteine** hintereinander stehen:
→ Un/ge/hör/ig/keit

2 Verwandtschaft

Machen Sie die Wortfamilie „hören" größer.
Setzen Sie die Wörter rechts mit dem Familienstamm zusammen:

_____

_____

_____

Fehler   Saal
Schaden   Gerät
Spiel   Sturz
Muschel

3 In Begleitung

Sortieren Sie alle Hauptwörter der Familie „hören" aus den Aufgaben 1 und 2 zu ihrem richtigen Begleiter:

das	die	der
		der Hörer

4 Tätigkeitswörter

In der Wortfamilie „hören" gibt es auch Tätigkeitswörter:

abhören
anhören
aufhören
gehören
mithören
überhören
umhören
verhören
zuhören

Welcher Anfangsbaustein gehört in die Lücke?
Manchmal ist er abgetrennt!

In der Klasse *hörten* die Diebstähle nicht _____. Also trug jeder das, was ihm _____*hörte* und ihm wichtig war, immer bei sich. Kalle hatte genug davon und wollte sich mal vorsichtig _____*hören*. Aber viele achteten darauf, dass ihnen bei der Unterhaltung keiner _____*hörte* und Kalle musste sich schließlich _____*hören*, dass er wohl ein Spitzel geworden wäre. Dann _____*hörte* der Direktor jeden Einzelnen ...

5 Ganz Ohr?

Die meisten Tätigkeitswörter in Aufgabe 4 bedeuten etwas Ähnliches wie „hören". Aber es sind zwei schwarze Schafe dabei, die nichts mit dem Ohr zu tun haben.

Welche? _____ _____

6 Feld-Arbeit

Im Schülerbuch auf Seite 14 steht das Wortfeld „reden".
In diesem Wortfeld sind lauter Tätigkeitswörter.
Wortfelder können auch aus Hauptwörtern bestehen:
➔ *Verabredung, Treffen, Versammlung, Meating, Date, Rendezvous*
Welches der Wörter passt als Überschrift? _____

Schreiben Sie selber Wortfelder auf.
Suchen Sie Wörter, die so etwas bedeuten wie

laufen: _____

_____

Streit: _____

_____

Freund: _____

_____

Reden

7 Bitte weibliche Begleitung!

Viele Hauptwörter haben
den Endbaustein **-ung**:
→ *Anhör**ung**, Redewend**ung**, Verabred**ung**.*
Alle wollen eine weibliche Begleitung:
→ *die/eine.*

Suchen Sie zehn weitere **ung**-Wörter:

die _____
_____
_____

> **na klar!**
>
> **Hauptwörter** (*Substantive*) bezeichnen
> → Gegenstände
>   *Haus, Vogel*
> → Handlungen, Vorgänge
>   *Spiel, Regen*
> → Eigenschaften, Zustände
>   *Kraft, Angst*
> → Begriffe
>   *Jahr, Menge*

8 Frauensache

Auch andere Hauptwörter
stehen auf weibliche Begleitung:
alle mit **-heit**, **-keit** oder **-schaft** am Ende:
→ *die Redefrei**heit**, die Redselig**keit**,*
   *die Redebereit**schaft**, ...*

Suchen Sie jeweils mindestens vier Wörter
mit **-heit**, **-keit** und **-schaft** am Ende:

_____
_____
_____
_____
_____
_____

> **na klar!**
>
> Wörter mit den Endbausteinen
> **-ung**, **-keit**, **-heit**, **-schaft** am
> Ende sind immer **Hauptwörter**.
>
> Alle haben den Begleiter
> → *die/eine.*

9 Was fehlt?

Ergänzen Sie den
richtigen Endbaustein
-ung, **-heit**, **-keit** oder **-schaft**:

Wo findet man
so einen Text?

_____

> **Wir bieten** Ihnen eine Tätig_____,
> bei der wir Ihnen große Frei_____en
> lassen. Wir suchen jemanden mit
> Erfahr_____ und Einsatzbereit_____.
> Genauig_____, Vielseitig_____ und
> Freundlich_____ sollten eine Selbst-
> verständlich_____ sein. Wenn Sie eine
> gute Aufstiegsmöglich_____ in der
> Wirt_____ suchen, senden Sie
> Ihre Bewerb_____ bitte an ...

Rechtschreibung

1 Großschreibung

Lesen Sie die Texte in den Sprechblasen im Schülerbuch Seite 6.

na klar!
Auch **Namen** sind Hauptwörter. Die meisten wollen keinen Begleiter:
→ *Nadine, Kasachstan*
aber: *die Waldstraße*

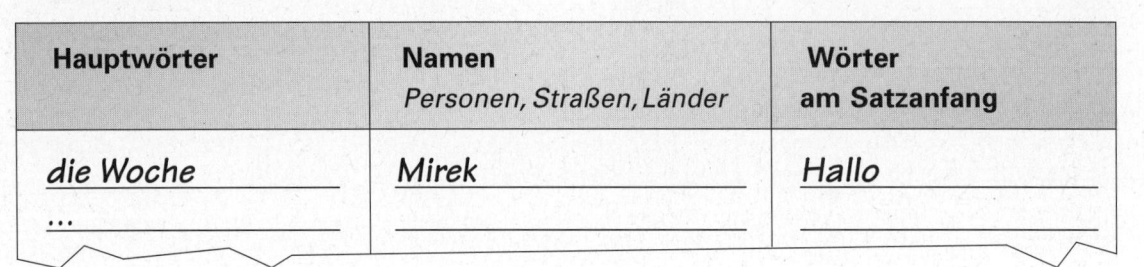

Sortieren Sie alle Wörter, die dort groß geschrieben sind, in eine solche Tabelle in Ihrem Heft:

Hauptwörter	Namen *Personen, Straßen, Länder*	Wörter am Satzanfang
die Woche	Mirek	Hallo
…		

Zählen Sie, wie viele Wörter Sie für jede Spalte gefunden haben:
☐ Hauptwörter
☐ Namen
☐ Wörter am Satzanfang

Gibt es auch Hauptwörter oder Namen am Satzanfang? Kreuzen Sie an:
☐ ja
☐ nein

Ergänzen Sie die Regel rechts.

na klar!
Groß geschrieben werden
→ alle H_____,
→ alle N_____,
→ alle Wörter am
 S_____.

2 Wo stecken die Großen?

Schreiben Sie diesen Brief mit richtiger Groß- und Kleinschreibung in Ihr Heft ab.

32 Wörter werden großgeschrieben.

lieber sven,
deine adresse habe ich von einer bekannten bekommen, der brieffreundin von deinem freund jan.
ich fände es schön, wenn du mir mal schreiben würdest. aber zuerst ein paar infos über mich.
ich heiße nadine und bin 16 jahre alt. ich wohne in einer kleinen stadt in der nähe von frankfurt.
zur zeit gehe ich in die 9. klasse.
ich schwimme gern und fahre gern mit dem mountainbike. außerdem schreibe ich texte für die band unserer schule. wenn du willst, kann ich dir ja mal ein paar texte schicken.
ich fände es klasse, wenn ich was von dir hören würde!

gruß, nadine

Geld

In diesem Kapitel lernen Sie:

Texte und Situationen
- begründen
- Argumente und Gegenargumente
- Unterschied zwischen Meinungen und Tatsachen

Raus mit der Sprache!!!
- Sprech-Vergangenheit von Tätigkeitswörtern

Rechtschreibung
- Silben / Silbentrennung
- Mitlaute
- „d" oder „t"?
- „b" oder „p"?

2

Stellungnahme

1 Meinungen zum Taschengeld

Sergej Fischer

Ich bin dafür, dass Kinder und Jugendliche mit ihrem ganzen Taschengeld machen können, was sie wollen. Ich meine, dass sie vom Taschengeld keine Schulhefte oder Fahrkarten kaufen müssen und dass die Eltern überhaupt nicht kontrollieren sollen, was ihre Kinder mit dem Geld machen.

Sergej Fischer

Alia Zadeh

Meiner Meinung nach wäre es gut, wenn Jugendliche, vielleicht ab 14 Jahren, das Kindergeld selbst bekommen, um davon alle ihre Sachen selber zu bezahlen: Klamotten, Fahrgeld, Essen, ...

Alia Zadeh

Franz Siebert

Ich finde, jedes Kind in Deutschland sollte gleich viel Taschengeld bekommen. Für jedes Alter müsste eine bestimmte Summe gesetzlich vorgeschrieben sein, zum Beispiel für 10-Jährige 20 DM im Monat, für 16-Jährige vielleicht 120 DM im Monat.

Franz Siebert

An welchen Formulierungen in den Texten merkt man, dass es sich um Meinungen handelt? Unterstreichen Sie diese Formulierungen bei jeder Person.

2 Begründung

Sergej, Alia und Franz nennen keine Gründe für ihre Vorschläge.

Stellen Sie sich vor, Sie sind Sergej, Alia oder Franz. Schreiben Sie Gründe für einen der Vorschläge auf.

Ich bin der Meinung, dass

> **na klar!**
> Man begründet seine Meinung mit
> → weil – denn – damit – um ... zu.

Geld

3 Ein guter Grund?

Welche der folgenden weil-Sätze sind gute Argumente?
Kreuzen Sie sie an:

Ich bin dafür, dass Schüler mit 16 Jahren mindestens
200 DM Taschengeld im Monat bekommen,
○ weil das bei unseren Nachbarn auch so ist.
○ weil das besser ist.
○ weil sie dann ihr Fahrgeld selber zahlen können und selbstständiger sind.
○ weil Lehrlinge in dem Alter noch viel mehr Geld haben.
○ weil es sonst nicht reicht.
○ weil sie dann für eine Anschaffung auch etwas sparen können.
○ weil sie sich oft nach der Schule ihr Essen selber kaufen müssen.
○ weil das meine Mutter meint.

4 Tatsachen und Meinungen

Welche der Texte sind Stellungnahmen?

A Allein das Taschengeld der 10- bis 16-Jährigen in Deutschland – in einen großen Topf geworfen – ergibt die Riesensumme von 2,6 Milliarden Mark.

B Ich finde, dass ein bisschen Arbeit mit 16 noch niemandem geschadet hat. Schließlich sind 120 DM im Monat wirklich viel!

C Jugendliche sollten ihr Taschengeld monatlich bekommen, um es sich einzuteilen und davon bestimmte Sachen wie Schulbedarf selber zahlen.

D Jeder zehnte Jugendliche erfüllt sich seine Konsumwünsche „auf Pump" und startet nach Erkenntnissen von Schuldnerberatern der Caritas so eine „Schuldnerkarriere". 21-Jährige mit Schulden zwischen 30 000 und 50 000 Mark seien keine Ausnahme.

Die Texte _____ sind Stellungnahmen.

Wo könnte man die anderen Texte finden? _____

5 Aisches Schulden

Auf Aisches Konto-Auszug steht:

Kontostand 2.359,50 S.

„Wie kann man nur so in den Miesen sein! Jeder kann sich doch vorher genau ausrechnen, wie viel Geld er in der nächsten Zeit hat!"

Sind Sie derselben Meinung?
Schreiben Sie Ihre Stellungnahme dazu in Ihr Heft.
Die Formulierungen im Schülerbuch auf Seite 19, Aufgabe 8 helfen dabei.
Geben Sie Gründe für Ihre Meinung an.

6 Schulden und Entschuldigungen

Ali hat Peter 250 DM geliehen. Peter kann das Geld nicht zurückzahlen und vertröstet Ali immer wieder.

Schreiben Sie gute Gründe auf, warum Peter das Geld noch nicht zurückgezahlt hat.

_____
_____
_____
_____

7 Argumente und Gegenargumente

Carmen hat ihre Schulden nicht zurückgezahlt.
Sie schuldet Nina immer noch 100 DM. Nach der Schule wartet Nina wieder mit ihren zwei älteren Brüdern auf Carmen.

Nina: Wenn man sein Geld wieder haben will, dann muss man eben Gewalt anwenden. Sonst bekommt man es nie!

Carmen: Aber wenn ich das Geld nicht habe, nutzt es dir auch nichts, wenn ihr mich verkloppt!

Nina: Aber dann besorgst du dir das Geld vielleicht woanders und ich kriege meins zurück.

Carmen: ...

Argument → Argument dagegen → Argument → Argument dagegen → ???

Finden Sie weitere Argumente für Carmen und Nina:

_____
_____
_____
_____
_____

Geld

Raus mit der Sprache!!!

1 Jetzt oder wann?
Unterstreichen Sie bei der Geschichte im Kasten die fünf Tätigkeitswörter.

In welcher Zeit spielt die Geschichte: Jetzt? Oder ist sie schon vergangen?

> **N**ina wartet nach der Schule auf Carmen. Ihre beiden Brüder stehen neben ihr. Carmen guckt ängstlich. Trotzdem geht sie auf Nina zu und fragt: „Was ..."

Erzählen Sie die Geschichte am nächsten Tag. Benutzen Sie die Sprech-Vergangenheit:

Nina hat nach der Schule auf Carmen ge...

_____

_____

_____

_____

„Was ..."

Unterstreichen Sie in der vergangenen Geschichte Ihre Tätigkeitswörter.
Es sind fünf. Jedes Tätigkeitswort hat zwei Teile.

2 Fortsetzung
Schreiben Sie die Fortsetzung der Geschichte in Ihr Heft.
Benutzen Sie weiter die Sprech-Vergangenheit.

Unterstreichen Sie auch in Ihrem Heft die zweiteiligen Tätigkeitswörter (eine Form von *haben* oder *sein* und das Mittelwort).

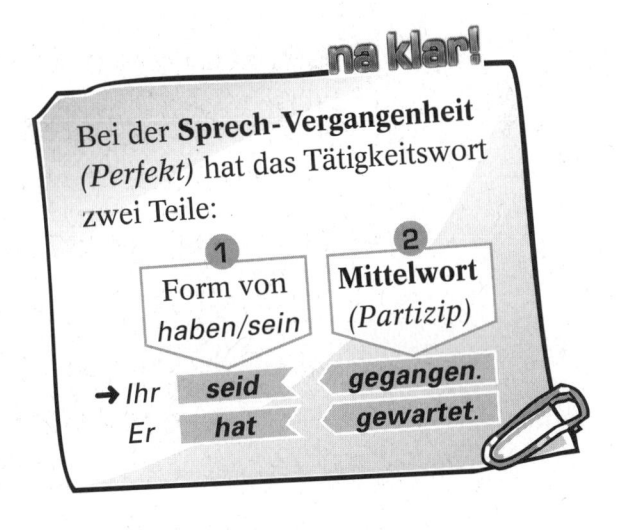

na klar!

Bei der **Sprech-Vergangenheit** *(Perfekt)* hat das Tätigkeitswort zwei Teile:

1 Form von haben/sein	2 Mittelwort (Partizip)
→ Ihr seid	gegangen.
Er hat	gewartet.

3 Mittelwörter
Wie heißen die Mittelwörter?
Sortieren Sie sie in die richtige Spalte:

hinfallen, antworten, laufen, versuchen, bleiben, zahlen, helfen, denken, rennen, weggehen

Du hast ...	Du bist ...
	hingefallen
_____	_____
_____	_____
_____	_____
_____	_____

17

Rechtschreibung

1 Sil-ben-tren-nung

Wenn die Zeile nicht ausreicht, müssen Wörter nach Silben richtig getrennt werden. Manche Silben haben nur einen oder wenige Buchstaben:
➔ *A-bend, wo-zu, Ab-ga-se*
Manche Silben haben ganz viele Buchstaben:
➔ *Schreib-tisch, Schmutz-fink*

> **na klar!**
> Eine **Silbe** ist ein Wortteil, nach dem man beim langsamen Sprechen eine Pause macht.
>
> Wörter **trennt** man nach **Silben**:
> ➔ *Zei-le, müs-sen, Wör-ter*
>
> Wörter, die nur eine Silbe haben, kann man nicht trennen:
> ➔ *wenn, die, zu, kurz*

Trennen Sie diese Wörter in Ihrem Heft.
➔ *Schulden, bezahlen, Taschengeld, geben, Stellungnahme, Arbeitslosenhilfe, Euro, Ausbildungsplätze*

Wie viele Wörter haben
2 Silben ☐   3 Silben ☐   4 Silben ☐   5 Silben ☐   6 Silben ☐ ?

2 Mitlaute

Können Sie dieses „Wort" laut lesen?

Dtfjksx

Man kann es nur laut lesen, wenn man jeden Buchstaben einzeln mit Namen nennt:
de **t**e **eff** **j**ott **k**a **ess** **ix**
Nur, wenn man andere Buchstaben **mit** ihnen spricht, kann man diese Buchstaben laut lesen.

> **na klar!**
> Buchstaben, die man nur **mit** anderen Buchstaben zusammen laut lesen kann, heißen **Mitlaute** *(Konsonanten)*.

Kreuzen Sie alle Buchstaben an, die **Mitlaute** sind:

A	B	C	D	E	F	G	H	I	J	K	L	M	N	O	P	Q	R	S	T	U	V	W	X	Y	Z	Ä	Ö	Ü
	X																											

3 Der Torf vom Dorf

Manche Mitlaute klingen ähnlich, zum Beispiel „d" und „t".
Lesen Sie die Wörter deutlich:

mit hartem t am Wort-Anfang	mit weichem d am Wort-Anfang
der **T**orf	das **D**orf
das **T**ier	**d**ir
der **T**ank	**d**anke
die **T**onne	der **D**onner

> **na klar!**
> Wenn man deutlich spricht, kann man **ähnliche Mitlaute** am Anfang eines Wortes / einer Silbe besser unterscheiden.

Geld

4 Deutlich sprechen
Wie heißen diese ähnlichen Wörter mit „d" und „t"?
Ergänzen Sie den ersten Buchstaben in richtiger Groß- und Kleinschreibung.

__äuschen	__eutsch
__aumeln	der __aumen
der __acho	der __achdecker
der __eller	die __elle
der __unnel	__unkel

5 Bund oder bunt?
Am Ende eine Wortes oder einer Silbe hört
man nicht, ob „d" oder „t" geschrieben wird:
→ *Bund klingt wie bunt.*

Aber am Anfang einer Silbe hört man
den Unterschied:
→ *Bun-des-li-ga, bun-te Farben*

Deshalb hilft eine Verlängerung des Wortes.
Ergänzen Sie die Regel rechts.

na klar!
Am **Silben-Ende** hört man nicht, ob ein Buchstabe weich oder hart ist. Wird ein Wort **verlängert**, kann ein Buchstabe vom Silben-_____ zum Silben-_____ wechseln:

→ Silben-Ende: Fahr-gel**d**
  An-wal**t**
→ Silben-Anfang: Fahr-gel-**d**er
  An-wäl-**t**e

6 Verlängerungen
Passende Wort-Verlängerungen
findet man oft durch die Mehrzahl.

Sprechen Sie die Mehrzahl deutlich
und ergänzen Sie 4-mal „d" und 2-mal „t":

Mehrzahl	Mehrzahl getrennt	Einzahl
viele Gel**d**er	Gel - der	das Geld
viele Bil__er	____ - ____	____
viele Kin__er	____ - ____	____
viele Hän__e	____ - ____	____
viele Wel__en	____ - ____	____
viele Gestal__en	____ - ____	____
viele Wän__e	____ - ____	____

Merkwörter
Wörter mit „dt"
muss man
auswendig lernen:
z. B. die Verwan**dt**en,
die Sta**dt**

7 Probleme

Es gibt noch andere Buchstaben-Paare, die am
Silben-Anfang ähnlich klingen, zum Beispiel „**b**" und „**p**".
Lesen Sie deutlich:

weiches b	hartes p
der **B**ass	das **P**assfoto
das **B**ein	**p**einlich
die **B**ar	das **P**aar
Kuchen **b**acken	Koffer **p**acken

Ergänzen Sie als ersten Buchstaben „**b**" oder „**p**"
in richtiger Groß- und Kleinschreibung:

__auen	die __ause
das __ußgeld	__usten
der __echer	das __ech

8 Verwandte helfen

Am Ende einer Silbe/eines Wortes
und vor „-t" oder „-s" klingt „**b**" wie „**p**".

Suchen Sie ein verwandtes Wort mit „**b**" oder „**p**" am Silben-Anfang:

er gibt	_ge-ben_	sie liebt	_Lie-be_
du glaubst	_____	zerlumpt	_____
gehupt	_____	Klebstoff	_____

Ergänzen Sie „**b**" oder „**p**" und suchen Sie ein verwandtes Wort:

ihr schrau__t	_____	er le__t	_____
hal__	_____	Erge__nis	_____
Far__stoff	_____	sel__st	_____

9 Hauptschul-Abschluss

Was passt hinter **ab-** oder **Haupt-**?
Schreiben Sie die neuen Wörter in Ihr Heft:
→ *Abschluss, Hauptstadt, …*

Achten Sie darauf, ob es
ein Hauptwort ist oder nicht.
Manchmal gibt es zwei neue Wörter!

-schule -wärts
-sache -nehmen -gang
-schluss -treibung -schreiben
-gesagt -post -sichtlich -straße
-mann -satz -stadt
-wort

Musik

In diesem Kapitel lernen Sie:

Texte und Situationen
→ Stichworte und Notizen schreiben
→ Anleitungen schreiben

Raus mit der Sprache !!!
→ Grundform von Tätigkeitswörtern
→ Befehlsform von Tätigkeitswörtern
→ Texte im Passiv
→ Endbausteine bei Mittelwörtern
→ Tätigkeitswörter in der Schreib-Vergangenheit

Rechtschreibung
→ „g" oder „k"
→ deutsche Wörter mit „v"
→ Fremdwörter mit „v"
→ Wörter mit „pf"

Stichworte

1 Tanzstunde 1970

In der Schule soll eine Tanzstunde von 1970 nachgespielt werden. Jessica hat ihre Mutter gefragt, wie es früher in der Tanzstunde gewesen ist. Damit sie nichts vergisst, hat sie sich Stichworte aufgeschrieben.
Welche Informationen können Sie aus den Stichworten bekommen?

Was kann Jessica in der Schule erzählen?
Schreiben Sie in der Sprech-Vergangenheit:

Früher haben die Mädchen in der Tanzstunde Kleider getragen und die Jungen …

- Kleid, Anzug tragen;
- in Reihen sitzen;
- die Mädchen auffordern;
- Tänze: Walzer, Foxtrott, Tango, Rumba;
- Schlager von Roy Black;
- blöder Tanzpartner: immer falsch getanzt;
- Abschlussball: Blumenstrauß, große Aufregung, neues Kleid, neuer Anzug, Friseur

2 Notizzettel

Farah fragt ihre Tante, was für Musik sie ihrem Onkel zum Geburtstag schenken kann und wo sie solche Musik bekommt. Sie notiert sich Stichworte.

Schreiben Sie in ganzen Sätzen in Ihr Heft, was Farah machen soll.

Big Band Musik, 50er-Jahre, Swing, z.B. Count Basie, Musikgeschäft „Die Platte", Königstr., Jazz-Abteilung, Fr. Semmler

↱ Abkürzungen

z.B. heißt: **z**um **B**eispiel
Fr. heißt: **Fr**au
Str. heißt: **Str**aße

Musik

3 Ein Telefongespräch

Farah ruft erst im Plattengeschäft an, um den Weg nicht umsonst zu machen.

Schreiben Sie in den Kasten den Anfangsbuchstaben der Person, die spricht.

> **Personen**
> F = Farah
> S = Frau Semmler
> J = Herr Jäger

- [ ] „Die Platte", Sigmund Jäger am Apparat. Was kann ich für Sie tun?
- [ ] Guten Tag, mein Name ist Farah Rahim. Kann ich bitte Frau Semmler sprechen?
- [ ] Einen Moment bitte, ich verbinde.
- [ ] Semmler. Was kann ich für Sie tun?
- [ ] Guten Tag, mein Name ist Rahim. Ich wollte fragen, ob Sie Platten von Count Basie haben?
- [ ] Count Basie? Müssten wir haben – Moment bitte! – Ja, wir haben verschiedene LPs und CDs.
- [ ] Was kosten die denn?
- [ ] Also die LPs sind aus unserer Second-Hand-Abteilung. Die kosten alle über 30 DM, das sind ja schon Antiquitäten. Die Doppel-CDs kosten – Moment – 39,90 DM und wir haben eine Einzel-CD für 19,90 DM.
- [ ] 19,90 DM ist gut, mehr kann ich nicht ausgeben. Wie heißt diese CD?
- [ ] Die heißt „Swing on Basie". Aber – Augenblick mal – ja, die müssten wir erst bestellen. Die wäre dann in drei Tagen da.
- [ ] Ja, das geht. Dann möchte ich die bestellen.
- [ ] Sagen Sie mir bitte Ihren Namen und Ihre Adresse.
- [ ] Farah Rahim, Waldstraße 19, 12345 Oberstadt, Telefon 998877.
- [ ] Danke, die können Sie dann am Freitag abholen. Gehen Sie bitte in die Service-Abteilung.
- [ ] Ja, mach ich. Vielen Dank. Tschüs!
- [ ] Wir danken auch. Auf Wiederhören!

Welche Worte von Frau Semmler sind für Farah wichtig?
Und welche Worte von Farah für Frau Semmler?
Unterstreichen Sie sie.

Beide haben beim Telefonieren oder gleich danach etwas aufgeschrieben. Was hat Frau Semmler wohl im Computer notiert?

Frau Semmlers Notizen:
_____
_____
_____

Und was hat sich Farah wohl aufgeschrieben?

Farahs Notizen:
_____
_____
_____

Ein Frankfurter Rezept
Handkäs' mit Musik

- [ ] Man schneidet eine große
- [ ] Zwiebel in feine Ringe.
- [ ] Man legt einen Harzer
- [ ] Handkäse (ungefähr 250 g)
- [ ] in eine Schüssel.
- [ ] Die Zwiebelringe legt man
- [ ] darauf und daneben.
- [ ] Darüber gießt man 1/4 l Essig
- [ ] und 100 ml Salatöl.
- [ ] Diese Mischung lässt man
- [ ] 12 bis 24 Stunden ziehen.
- [ ] Zum Servieren nimmt
- [ ] man den Käse und die
- [ ] Zwiebelringe aus der Brühe.
- [ ] Man serviert den
- [ ] „Handkäs' mit Musik"
- [ ] zu Apfelwein.

Abkürzungen

g = Gramm
l = Liter
ml = Milliliter

Anleitungen

1 Musik beim Handkäse

Lesen Sie das Rezept.
Es besteht aus sieben Arbeitsschritten.
Nummerieren Sie die Arbeitsschritte.

Notieren Sie sich dann das Rezept in Stichworten.
Benutzen Sie Tätigkeitswörter in der **Grundform**.
Lassen Sie die Hauptwort-Begleiter weg.

1. große Zwiebel in feine Ringe schneiden
2. _____

na klar!

Die **Grundform** (*Infinitiv*)
der meisten Tätigkeitswörter
hat den Endbaustein **-en**:
→ *schneid**en**, leg**en**, gieß**en***

Die Grundform sieht dann
so aus wie die Wir-Form:
→ *wir schneid**en**, wir leg**en**, ...*

2 Du musst ...

Sie erklären das Rezept am Telefon Ihrer Freundin.
Sie reden in der *Du-Form*.
Schreiben Sie in Ihr Heft, was Sie ihr sagen.
Benutzen Sie möglichst viele von den Wörtern rechts:
→ *Zuerst schneidest du eine große ...*

Wie reden Sie, wenn Sie der Mutter Ihrer Freundin
das Rezept am Telefon durchgeben?
Schreiben Sie es in der *Sie-Form* in Ihr Heft.

Diese Wörter helfen bei der Reihenfolge:

zuerst — dann
wenn — danach
nachdem — anschließend
bevor — zuletzt

Musik

3 Worum geht's?

Die folgende Anleitung ist für Spezialisten!
Aber auch, wer die Fachausdrücke nicht versteht,
kann die Anleitung umformulieren.

Unterstreichen Sie zuerst die Wörter, die die Reihenfolge klar machen.
(Siehe Aufgabe 2, Seite 24.)

Schreiben Sie dann die Anleitung in der Befehlsform mit *Sie*:

Anleitung für ...

Sie müssen <u>zuerst</u> die Power-Taste am Rechner drücken und dann die „On"-Taste am Monitor. Danach müssen Sie warten. Wenn Sie den Eingabepfeil auf der DOS-Ebene sehen, müssen Sie „win" eingeben. Jetzt müssen Sie warten, bis Sie die Windows-Benutzer-Oberfläche sehen. Anschließend müssen Sie mit der Maus auf das Symbol für das Programm klicken, in dem Sie arbeiten wollen.

Drücken Sie zuerst _____
_____
_____
_____
_____
_____
_____
_____
_____
_____
_____
_____
_____
_____

Um welches Thema geht es hier? _____

4 Buch-Befehle

Bei den Aufgaben auf Seite 24 dieses Buches
gibt es acht Tätigkeitswörter in der Befehlsform mit *Sie*.
Unterstreichen Sie diese!

Und wie viele sind auf dieser Seite *gedruckt*? _____

Raus mit der Sprache!!!

> **na klar!**
> Bei der **Passiv**-Form ist nicht wichtig, wer etwas tut, sondern **was** getan wird.
> Zum Passiv gehören:
> 1. eine Form von *werden* und
> 2. ein **Mittelwort** (Partizip)
> → Der Handkäs' **wird zubereitet**.

1 Passiver Käse

Hier *wird* noch einmal „Handkäs' mit Musik" *zubereitet*.
Ergänzen Sie die Mittelwörter:

■ Zuerst wird eine große Zwiebel in feine Ringe ge_____.

■ Dann wird ein Harzer Käse in eine Schüssel _____.

■ Die Zwiebelringe werden darauf und daneben _____.

■ Darüber werden 1/4 l Essig und 100 ml Salatöl _____.

■ Diese Mischung wird zwölf bis 24 Stunden ziehen _____.

■ Zum Servieren wird der Käse aus der Brühe _____.

■ Der „Handkäs' mit Musik" wird zu Apfelwein _____.

2 Was passiert hier?

Ergänzen Sie mindestens ein Mittelwort in jeder Zeile:

■ Im Kulturzentrum wird ein Konzert _____.

■ Im Probenraum wird ein Mikrofon _____.

■ Auf der Bühne wird ein Song _____.

■ Im Musikgeschäft werden die Kunden _____.

■ Im Computer wird die Bestellung _____.

Welche Endbausteine haben die Mittelwörter, die Sie eingesetzt haben?
Ergänzen Sie die Regel:

> **na klar!**
> **Mittelwörter** (Partizipien) haben den Endbaustein
> → -(e)t oder -____.

3 Ganz schön viel Arbeit!

In diesem Text ist von einer Jugend-Band die Rede, die üben und auftreten will.

Jetzt soll nur von der ganzen Arbeit die Rede sein.
Schreiben Sie den Text im Passiv in Ihr Heft:

> Die Band sucht einen Probenraum. Sie mietet einen alten Keller. Sie räumt das Gerümpel weg. Sie streicht die Wände. Sie bringt eine Schalldämmung an.

Ein Probenraum wird gesucht. Ein ...

Musik

4 Es war einmal ...

Die Geschichte von *Orpheus und Eurydike* ist eine alte griechische Sage. Märchen, Sagen und andere Geschichten werden immer in der Schreib-Vergangenheit erzählt und aufgeschrieben.

Unterstreichen Sie in der Geschichte die Tätigkeitswörter, die nicht in der Grundform stehen.

Tragen Sie die unterstrichenen Tätigkeitswörter bei der richtigen Grundform ein:

Orpheus und Eurydike — Teil 1

Orpheus und Eurydike <u>waren</u> ein Liebespaar. Aber Eurydike starb jung an einem Schlangenbiss. Orpheus war verzweifelt. Er wollte nicht ohne sie leben.

Da hatte er eine Idee: Weil er ein wahnsinnig toller Musiker war, ging er zu den Göttern, die über Leben und Tod bestimmten und spielte ihnen etwas vor. Die Götter waren ganz high und erlaubten ihm schließlich, seine Eurydike wieder aus der Totenwelt zu holen. Aber ...

Schreib-Vergangenheit	Grundform
waren, war	sein
_____	sterben
_____	gehen
_____	haben

Schreib-Vergangenheit	Grundform
_____	wollen
_____	spielen
_____	bestimmen
_____	erlauben

5 Es war noch einmal ...

Und so geht die Geschichte weiter:

Ergänzen Sie passende Tätigkeitswörter in der Schreib-Vergangenheit. Die dazu gehörenden Grundformen stehen am Rand.

Orpheus und Eurydike — Teil 2

dürfen ▶ Aber er _____ seine Eurydike auf dem Weg aus der Totenwelt ins Leben nicht ansehen. Eurydike
sollen ▶ _____ hinter ihm bleiben.
gehen ▶ Und so _____ Orpheus wieder zurück. Eine Weile _____ er
sein ▶
hören ▶ zufrieden. Aber er _____ niemanden hinter sich. Deshalb
drehen ▶ _____ er sich um.
sehen ▶ Da _____ er Eurydike, aber
verschwinden ▶ im selben Augenblick _____ sie wieder ins Totenreich – diesmal für immer.

Rechtschreibung

1 Ganz klar!

In dieser Aufgabe geht es um die ähnlich klingenden Mitlaute „**g**" und „**k**". Lesen Sie deutlich:

weiches g	hartes k
die **G**ans	du **k**annst
die **G**abel	das **K**abel
günstiger	**k**ünstlich

Ergänzen Sie als ersten Buchstaben „**g**" oder „**k**" in richtiger Groß- und Kleinschreibung:

der __arten	die Spiel__arten
__eil	der Holz__eil
das Erd__as	die Spar__asse

2 Hilfreiche Trennung

Finden Sie ein verwandtes Wort, bei dem „**g**" oder „**k**" am Anfang der Silbe stehen:

verfolgt	*ver-fol-gen*	die Krankheit	*Kran-ken-haus*
beklagt	_____	stark	_____
der Abstieg	_____	die Bank	_____
verlegt	_____	die Technik	_____
der Schulweg	_____	die Werkstatt	_____
der Betrug	_____	wirklich	_____

3 Alles glasklar?

Jetzt müssen Sie selber entscheiden, ob „**g**" oder „**k**" geschrieben werden muss.
Verlängern Sie das Wort, sodass „**g**" oder „**k**" am Silben-Anfang stehen:

der Bela__	_____	die Musi__	_____
das Len__rad	_____	der Mer__satz	_____
der Rin__richter	_____	verwel__t	_____
der Gesan__	_____	er lü__t	_____

Musik

4 Vor-schlag

In deutschen Wörtern spricht man „**v**" wie „**f**".
Woher weiß man, welcher Buchstabe richtig ist?
Lesen die den Tipp rechts.
Viele Wörter beginnen mit dem Baustein „vor-".
➜ *vor*stellen, **Vor**trag, ...

f oder v?

Tipp: Man merkt sich die wichtigsten v-Wörter. Die anderen schreibt man mit f.

Finden Sie weitere zehn Wörter:

_____
_____
_____

5 Ver-wirrung

Mit dem Baustein „**ver-**" gibt es sehr viele Wörter:
➜ ***Ver**abredung, **ver**regnet, **ver**teilt, Einfühlungs**ver**mögen ...*

Schreiben Sie noch sechs weitere Hauptwörter:

_____
_____
_____

6 Viele Volkswagen

Hier sind alle wichtigen deutschen
v-Wörter und v-Bausteine:

Wörter: Vater, viele, vielleicht, vier, Vogel, Volk, voll, von, vor, brav
Bausteine: ver-, vor-, vorder-

na klar!

Immer mit v:
die Bausteine ver-, vor- und vorder-
➜ *vergessen, vorlesen, Vorderrad*

Schreiben Sie Unsinns-Sätze
mit möglichst vielen v-Wörtern.

Vater verkauft vier Volkswagen vorläufig nach Vorderasien.

_____
_____
_____
_____

7 VW-Wörter

Wir benutzen auch viele Wörter
aus anderen Sprachen *(Fremdwörter)*:

➔ *Video, Pulver, November, Klavier, nervös,
evangelisch, violett, Pullover, Kurve, Konserven,
Ventil, Vanille, Volt, Vene, Verb, Vokal*

Wie klingt hier der Buchstabe „v"?
Ergänzen Sie die Regel rechts.

na klar!
In vielen Fremdwörtern wird der Buchstabe „v" wie ___ gesprochen.

Kennen Sie Vornamen mit „v"?
Schreiben Sie mindestens zwei auf:

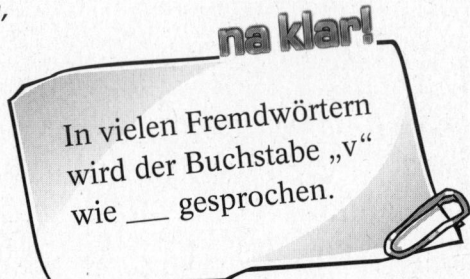

_____

Wie wird bei denen das „v" gesprochen?

8 Berufe mit Pfiff

Lesen Sie deutlich das „p" vor dem „f":

➔ *Pflegerin, Pflanzen, Pfeifen, Pfad, Pfarrer, Pflicht*
➔ *Topf, Klopfer, Kampf, Apfel, Hüpferin, Zapfer*

Ergänzen Sie ein passendes Wort von oben.
Was sind keine richtigen Berufe? Kreuzen Sie an.

pf- am Silben-Anfang	-pf- in der Silben-Mitte/am Silben-Ende
☐ die Kranken_____	☐ der Teppich_____
☐ der _____ forscher	☐ der _____ sportler
☐ der Gemeinde_____	☐ die _____ guckerin
☐ die _____ verteidigerin	☐ der _____ pflücker
☐ der _____ raucher	☐ der Bier_____
☐ der _____ finder	☐ die Sack_____

9 Reime

Welche Buchstabengruppe gehört in die Lücke: „apf", „opf" oder „ipf"?

■ T____, Kr____, Z____, Pfr____, K____, Kn____

■ G____el, Z____el, W____el

■ Kr____en, Tannenz____en, Fußst____en

Stars & Idole

In diesem Kapitel lernen Sie:

Texte und Situationen
- Erlebniserzählung
- spannend erzählen
- Personen oder Gegenstände beschreiben
- anschaulich beschreiben

Raus mit der Sprache!!!
- Eigenschaftswörter mit den Endbausteinen -ig, -lich, -haft, -sam, -bar

4

Erzählen

1 Eigenschaften

Um gut zu erzählen oder zu beschreiben, muss man viele Eigenschaftswörter kennen. Schreiben Sie auf, wie diese Dinge sein können:

ein Haus: *groß,* _____

_____

eine Hose: _____

_____

ein Motorrad: _____

_____

ein Traum: _____

_____

2 Ein schöner Morgen …

Eigenschaftswörter machen eine Erzählung anschaulich. Ergänzen Sie passende Eigenschaftswörter, sodass man sich die Person und die Stimmung gut vorstellen kann:

Es war letzten Samstag, morgens um 7.00 Uhr. _____ schlug ich die Augen auf und dachte _____: „Wie _____, dass heute Samstag ist und kein _____ Werktag." _____ ging ich ins Bad und erlebte die erste _____ Überraschung: Dort stand mein _____ Bruder am Waschbecken und rasierte sich seinen _____ Bart.

3 Powerful

Unterstreichen Sie in der Fan-Erzählung alle Eigenschaftswörter. Es sind 13.

Eigenschaftswörter finden Sie mit den Fragen:
→ Wie ist jemand oder etwas?
→ Wie macht jemand eine Sache?

Ein Basketball-Fan erzählt:

Es ist stark, wie powerful Kemp spielt, wie elegant Hill seine „moves" absolviert und wie aggressiv Shaq den Korb beim „dunking" runterreißt. Genial fand ich zum Beispiel das Zusammenspiel des Trios Bouges, Larry Johnson und Mourning.

In der freien Zeit spiele ich mit befreundeten Jugendlichen. Bei uns ist keine(r) ausgeschlossen, ob klein oder groß, ob männlich oder weiblich, ob dunkel oder hell.

Stars & Idole

4 Höhepunkte
Eine Erzählung ohne Höhepunkt ist langweilig.
Welchen Höhepunkt können diese Erlebnisse haben?

eine Klassenfahrt: *ein Schüler wird vermisst,* _____

eine Party: _____

die erste Fahrstunde: _____

eine Schulstunde: _____

5 Date geplant
Hier steht der Anfang einer Erlebniserzählung:

> **K**olja hatte gestern beim Sport ein Wahnsinns-Mädchen getroffen. Für heute Nachmittag hatte er sich mit ihr im Schwimmbad verabredet.
>
> *(Fortsetzung folgt)*

Unterstreichen Sie in beiden Sätzen das zweiteilige Tätigkeitswort in der Vor-Vergangenheit.

na klar!

Bei einer **Erzählung** benutzt man die **Vor-Vergangenheit** (*Plusquamperfekt*), wenn man von etwas erzählen will, das schon **vor** der eigentlichen Geschichte passiert ist.

Die **Vor-Vergangenheit** besteht aus zwei Teilen:
1. eine Form von **hatten** oder **waren** und
2. dem Mittelwort.
→ Er **hatte** sie **getroffen**.
→ Sie **war** nicht **gekommen**.

6 Date verpasst?
Lesen Sie die Fortsetzung rechts.

Nach vier Kilometern hat Kolja ein Problem.
Was könnte das Problem sein?
Trifft Kolja seine neue Flamme noch?
Was wird sie sagen?

Schreiben Sie die Erlebniserzählung in Ihrem Heft weiter.

Fortsetzung:

Als ihn seine Freunde zum Fußballspiel abholen wollten, gelang es ihm, sie abzuschütteln: „Zerrung im Oberschenkel! Tut mir unheimlich Leid, Kumpels!", sagte er bedauernd. Nachdem sie sauer abgezogen waren, machte er sich mit seinem neuen Fahrrad auf den Weg. Etwas aufgeregt, aber glücklich.

Das Schwimmbad war nur sechs Kilometer entfernt. „Höchstens 15 Minuten!", dachte er. Aber das sollte ein Irrtum sein. Zunächst war alles easy: beste Laune, herrliches Wetter, gut geschmierte Kette.

7 Spannung

Schreiben Sie das Geschehen so um, dass es spannender und lebendiger wird.

Öde:

- Auf dem Nachhauseweg traf ich meinen Kumpel Eli auf der Straße.
- In der Disco traf ich einen Typen/ein Girl. Ich verliebte mich sofort.
- Gestern gab es Zeugnisse. Ich war sehr überrascht.

Spannend:

Lustlos schlenderte ich die Straße entlang. Plötzlich hörte ich von hinten einen Pfiff. „Nanu – so pfeift doch nur ein Typ!" Ich drehte mich um. Und dort stand der größte Schaumschläger der Clique: mein Kumpel Eli!

_____
_____
_____
_____
_____
_____
_____
_____

8 Dabei gewesen

Die Zeitung berichtet neutral. Aber eine Erlebniserzählung soll spannend sein und unterhalten.

Schreiben Sie eine Erlebniserzählung über den Unfall in Ihr Heft. Stellen Sie sich vor, Sie sind selbst dabei gewesen
→ als Straßenbahnfahrer/in oder
→ als Fahrgast oder
→ als 16-jährige Schülerin.

Schreiben Sie in der Einleitung, wann und wo die Handlung passiert. Überlegen Sie, welcher Augenblick der Höhepunkt der Erzählung ist.

Welche Gefühle und Gedanken können Sie im Schlussteil bringen?

Eine Zeitungsmeldung

Mit dem Schrecken davongekommen

■ Eine 16-jährige Schülerin verhinderte gestern gegen 17.00 Uhr in der Kaiserstraße einen schweren Unfall, indem sie einen 78-jährigen Rentner von den Straßenbahnschienen riss, auf denen sich eine Bahn der Linie 5 näherte. Der Rentner wollte 20 Meter vor dem Zebrastreifen die Schienen überqueren und hatte die näher kommende Bahn nicht gesehen.

Als er die Bahn schließlich erblickte, stolperte er und fiel auf die Schienen. Die Schülerin sah den alten Mann und lief zu ihm. Gerade noch rechtzeitig konnte sie ihn wegreißen und damit verhindern, dass die Bahn ihn überfuhr. Der Rentner erlitt einen Schock.

Stars & Idole

Beschreiben

1 Freunde und Freundinnen

Suchen Sie zehn Eigenschaften, die jemand haben soll,
in den Sie sich verlieben könnten:

- Sie / er soll _____
  _____ sein.

Welche Eigenschaften sind Ihnen bei
Ihrem besten Kumpel / Ihrer besten Freundin wichtig?

- Er / Sie soll _____
  _____ sein.

2 Rätsel

Wählen Sie einen Star,
den viele Leute kennen.
Beschreiben Sie in Ihrem
Heft zuerst sein Aussehen:
➜ *Gesicht – Frisur –
  Kleidung.*

Sagen Sie dann, was
er tut und wie er es tut.
Aber verraten Sie
nicht zu viel.

Kennen Sie den?

Mister Bundesliga

Er ist zwischen 20 und 30 Jahre alt und hat blonde Haare. Seine Augen sind rechts und links oberhalb der Nase und der Mund ist darunter.
Er schießt meist mit dem rechten Fuß, manchmal auch mit dem linken. Manchmal trifft er dabei ins Tor. Wer ist es?

3 Was kann das sein?

Auf welche Gegenstände passen diese Kurzbeschreibungen:

- Es ist kleiner als ein Quadratmeter, flauschig und kann verschiedene Farben haben:

- Es hat vier Öffnungen, ist aus Wolle oder Baumwolle und sehr weich:

- Es kann hängen oder stehen, befindet sich in jedem Zimmer, wird aber fast nur morgens und abends benutzt:

(Lösungen auf der nächsten Seite)

Schreiben Sie ähnliche Kurzbeschreibungen von
einem Stuhl, einem Ei oder einer Salzstange in Ihr Heft.

Dieses ziemlich langweilige Hochhaus wurde vor ungefähr 30 Jahren gebaut. Jedes der neun Stockwerke sieht von außen gleich aus.
Weil das Haus noch nie renoviert wurde, sieht man unter den Fensterbänken lange, schwarze Streifen. Dort läuft immer das Regenwasser runter.
In dem etwas dunklen Treppenhaus kann man sich leicht verirren, weil alle Türen in derselben Farbe gestrichen sind.
Die meisten Leute bleiben hier nicht lange wohnen. Deshalb kennt man die Nachbarn auch kaum und grüßt sich nicht im Treppenhaus.

4 Vor Augen haben

Wenn jemand gut beschreibt, kann man eine Person oder Situation richtig „vor Augen haben".

Lesen Sie die Beschreibung des Hochhauses.

Welche Wörter sind in diesem Text wichtig, damit man sich das Haus und die Atmosphäre gut vorstellen kann?
Unterstreichen Sie diese Wörter.

5 Atmosphäre

Beschreiben Sie in Ihrem Heft die Straße, in der Sie wohnen.

Sagen Sie etwas über die Häuser, die Geschäfte, die Straße, den Verkehr und die Anwohner.

Die Wörter rechts können dabei helfen.

ruhig grüner Rasen
Lärm spielende Kinder viel Platz
kleine Gärten Hektik viele Mülltonnen
gemütlich staubig breite Fahrbahnen
große Wäscheplätze bunte Schaufenster
viele Autos verschiedene Menschen
heruntergekommene Hauswände

6 Landschaft

Beschreiben Sie die fotografierte Landschaft in Ihrem Heft.
→ Im Vordergrund sieht man ...
   Dahinter ist ... zu sehen.
   Mitten im Bild ...
   Auf der linken Seite ...

Beschreiben Sie, wie Sie die Atmosphäre auf dem Foto empfinden.
Schreiben Sie auch, ob Sie einmal dort sein möchten. Warum / warum nicht?

Lösungen von Seite 35, Aufgabe 3
Handtuch, Pullover, Lampe

Stars & Idole

Raus mit der Sprache!!!

1 Baustelle

Man kann Eigenschaftswörter bauen, wenn man an ein Hauptwort die Endbausteine **-ig** oder **-lich** anhängt:
→ *Freund + **lich** = freund**lich***
→ *Neugier + **ig** = neugier**ig***

na klar!
Fast alle Wörter mit den Bausteinen **-lich** und **-ig** am Ende sind Eigenschaftswörter.

Wenn man sie verlängert, hört man den Unterschied zwischen „**ch**" und „**g**" deutlich:
→ *freund-li-**ch**e Menschen*
→ *neu-gie-ri-**g**e Menschen*

Bauen Sie Eigenschaftswörter mit **-ig** oder **-lich** am Ende:

| Vorsicht: | _____ |
| Lust: | _____ |

| Mut: | _____ |
| Herz: | _____ |

Hier müssen Sie Buchstaben ändern oder weglassen:

| Trauer: | *traurig* |
| Angst: | _____ |

| Verstand: | _____ |
| Gebirge: | _____ |

2 Wie ist wer oder was?

Schreiben Sie zu jedem Eigenschaftswort aus Aufgabe 1 ein Hauptwort mit Begleiter:

eine freundliche Auskunft
_____
_____
_____
_____

_____
_____
_____
_____
_____

3 Veränderlich

Auch mit Tätigkeitswörtern kann man Eigenschaftswörter bauen. Dabei ändert sich das Tätigkeitswort, wenn man **-ig** oder **-lich** anhängt. Welche Tätigkeitswörter sind gemeint?

lächerlich	=	*lachen* + *lich*
schließlich	=	_____ + _____
kitzlig	=	_____ + _____
wohnlich	=	_____ + _____
wacklig	=	_____ + _____

37

4 Alles machbar!

Es gibt noch andere Endbausteine, mit
denen man Eigenschaftswörter bauen kann:
- → lachen + **haft** = lachhaft
- → Arbeit + **sam** = arbeitsam
- → halten + **bar** = haltbar

Welcher der Endbausteine **-haft**, **-sam** oder **-bar**
passt an diese Tätigkeitswörter oder Hauptwörter?

scheinen	+ _____	= _____
sparen	+ _____	= _____
Zweifel	+ _____	= _____
Traum	+ _____	= _____
Dank	+ _____	= _____

5 Er sucht sie, sie sucht ihn

Welcher Endbaustein fehlt bei den Kontaktanzeigen:
-lich, **-ig**, **-haft**, **-sam** oder **-bar**?
Schreiben Sie die Anzeigen mit den richtigen Bausteinen ab.

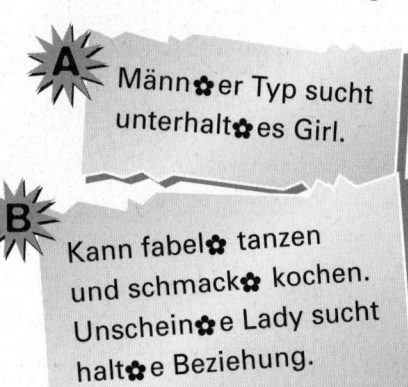

A Männ✿er Typ sucht unterhalt✿es Girl.

A: _____
_____

B Kann fabel✿ tanzen und schmack✿ kochen. Unschein✿e Lady sucht halt✿e Beziehung.

B: _____
_____
_____
_____

C Ist dein Leben langweil✿ und eintön✿? Mit mir kann ein wunder✿es und traum✿es Leben beginnen!

C: _____
_____
_____
_____

D Ehr✿es, ein✿es Mädchen sucht großzüg✿en, genüg✿en Mann für mög✿e Heirat.

D: _____
_____
_____

Wie viele Bausteine haben Sie jeweils eingesetzt?
☐ -lich ☐ -ig ☐ -haft ☐ -sam ☐ -bar

Arbeit

In diesem Kapitel lernen Sie:

Texte und Situationen
→ Grafiken lesen
→ Balken-Grafiken zeichnen
→ Arbeitsschritte sortieren

5

Lehrlingsjahrgang '98
Zahl der neuen Ausbildungsverträge 1998*:
insgesamt **612 771** (+ 4,4% gegenüber 1997)

davon		Veränderung gegenüber 1997 in %
Industrie und Handel	311 663	+ 8,9
Handwerk	212 382	+ 0,4
Freie Berufe	51 862	− 2,3
Landwirtschaft	15 762	+ 1,7
Öffentlicher Dienst	15 198	− 4,2

*Stand 30.9.1998

Grafiken

1 Neue Lehrlinge

In der Grafik werden fünf Bereiche genannt, in denen es mehr, aber auch weniger neue Lehrstellen gegeben hat.

Schreiben Sie diese Bereiche auf. Suchen Sie zu jedem Bereich drei Berufe.

Industrie und Handel   Maschinenbauer, _____

_____   _____

_____   _____

_____   _____

_____   _____

2 Zahlen bitte!

Suchen Sie die richtige Zahl aus der Grafik und tragen Sie sie ein:

■ In der Grafik geht es um die Ausbildungsverträge im Jahr _____.

■ In diesem Jahr wurden _____ Ausbildungsverträge neu abgeschlossen.

■ Das waren ____% mehr als im Jahr _____.

■ Im Bereich Industrie und Handel gab es _____ neue Verträge,

   im Handwerk _____.

■ Die Landwirtschaft hat ____% mehr Auszubildende eingestellt als im Jahr davor.

Arbeit

3 Mehr oder weniger?

Lesen Sie die Grafik noch einmal genau.
Setzen Sie dann in die Lücken „mehr" oder „weniger" ein:

- In Industrie und Handel wurden _____ Lehrlinge eingestellt als im Jahr davor.

- Bei den freien Berufen waren es _____ als im Jahr davor.

- Im öffentlichen Dienst wurden _____ Ausbildungsverträge abgeschlossen als im Jahr davor.

- Der öffentliche Dienst und die Landwirtschaft haben zusammen _____ Lehrlinge eingestellt als die freien Berufe.

4 Tatsachen und Meinungen

In den folgenden Sätzen stehen Tatsachen/Daten aus der Grafik und Meinungen/Kommentare dazu.

Kreuzen Sie vor jedem Satz an, was es ist.

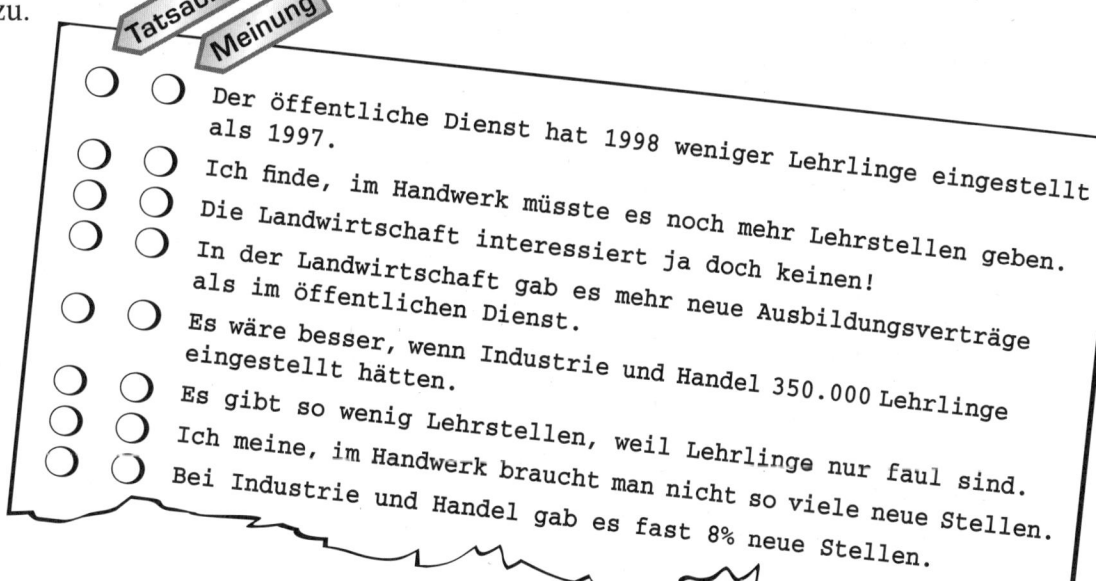

Tatsache / **Meinung**

- ○ ○ Der öffentliche Dienst hat 1998 weniger Lehrlinge eingestellt als 1997.
- ○ ○ Ich finde, im Handwerk müsste es noch mehr Lehrstellen geben.
- ○ ○ Die Landwirtschaft interessiert ja doch keinen!
- ○ ○ In der Landwirtschaft gab es mehr neue Ausbildungsverträge als im öffentlichen Dienst.
- ○ ○ Es wäre besser, wenn Industrie und Handel 350.000 Lehrlinge eingestellt hätten.
- ○ ○ Es gibt so wenig Lehrstellen, weil Lehrlinge nur faul sind.
- ○ ○ Ich meine, im Handwerk braucht man nicht so viele neue Stellen.
- ○ ○ Bei Industrie und Handel gab es fast 8% neue Stellen.

5 Wie viele?

Schreiben Sie drei Fragen auf, die man mit der Grafik beantworten kann.
Die Fragenteile im Kasten helfen dabei.

> **↶ Fragen**
> → Wie viele .... wurden abgeschlossen?
> → Um wie viel Prozent ist die Zahl der ... vom Jahr ... zum Jahr ... gestiegen/gesunken?

_____
_____
_____
_____

Nr. Für jeden Bereich einen Balkenrahmen **malen**, am besten auf Rechenpapier. Alle Balkenrahmen müssen gleich lang sein.

Nr. Die Ausbildungswünsche **aufschreiben**

Nr. Für jeden Bereich im Balken so viele **Kästchen ausmalen**, wie es Wünsche gibt. Dabei oben mit dem Bereich anfangen, für den es die meisten Wünsche gibt. Nach unten kommt der, der am wenigsten gewünscht wird.

Nr. Jeden Schüler / jede Schülerin nach dem Ausbildungswunsch **fragen**

Nr. Ausbildungswünsche **einteilen** in Bereiche: Industrie und Handel, Handwerk, Freie Berufe, Öffentlicher Dienst, Landwirtschaft, Sonstiges

6 Umfrage

Zeichnen Sie eine Grafik zu den Lehrstellen, die Ihre Klasse wünscht.

In den Kästen links steht, was Sie dazu machen müssen. Nummerieren Sie die Kästen in der richtigen Reihenfolge.

Schreiben Sie die fünf Schritte in der richtigen Reihenfolge noch einmal auf (nur die fett gedruckten Stichworte):

1. _____
2. _____
3. _____
4. _____
5. _____

5 Balken-Grafik

Hier ist das Ergebnis einer Klassen-Umfrage:

Stellen Sie das Ergebnis in einer Balken-Grafik dar *(siehe unten)*.
Zeichnen Sie in jeden Balken die Anzahl der Wünsche.
Fangen Sie mit dem meist-gewünschten an.
Schreiben Sie vor den Balken den Bereich.

Lehrstellen werden gewünscht in den Bereichen
Industrie und Handel: 5
Handwerk: 7
Freie Berufe: 1
Öffentlicher Dienst: 4
Landwirtschaft: 2
Sonstiges: 0

Bereich: **Anzahl:**

Balkengrafik

_____
_____
_____
_____
Freie Berufe
_____

In diesem Kapitel lernen Sie:

Texte und Situationen
→ telefonische Bewerbungen
→ Bewerbungsgespräche
→ Lebensläufe schreiben
→ Bewerbungsbriefe schreiben
→ Geschäftsbriefe schreiben
→ Teile eines Geschäftsbriefes erkennen

Raus mit der Sprache!!!
→ Schreib- und Sprechvergangenheit

Rechtschreibung
→ Doppel-Mitlaute:
„bb", „dd", „ff", „gg", „ll", „mm",
„nn", „pp", „rr", „ss", „tt"
(eineiige Zwillinge)

Bewerbung

■ Kuhfuß KG, guten Tag.
Was kann ich für Sie tun?
● Wie bitte? Ich habe nicht genau ... Ist da nicht die Firma ... Moment ... Kuhfuß?
■ Allerdings! Was kann ich für Sie tun?
● Ja, also, ich ... ich mache nämlich gerade, das heißt: ich möchte gerne wissen, ... Also, ob ich bei Ihnen Praktikum machen kann, ja, deswegen rufe ich an.
■ Mit wem spreche ich denn?
● Ja, also, Ines, ich meine, ich heiße Ines.
■ Ines – und wie weiter?
● Ach so, ja, also Ines Canedo.
■ Wann möchtest du denn ein Praktikum machen?
● Ja, also in drei Wochen oder vier, glaube ich.
■ Also, ich würde sagen: Ruf noch mal an, wenn du genau weißt, was du willst! Auf Wiederhören!

Telefonate

1 Ach so, also, ...

Ines sucht einen Praktikumsplatz.
Sie ruft bei einer Firma an
und ist sehr aufgeregt.
Ines hat sich nicht gut vorbereitet.

Lesen Sie das Gespräch links.
Streichen Sie alle Wörter von
Ines weg, die überflüssig sind.

Schreiben Sie das Gespräch
dann neu und viel kürzer.
Benutzen Sie die Zeichen ■ und ●.

2 Unbedingt!

Welche Angaben sind wichtig, wenn man
telefonisch einen Praktikumsplatz sucht?
Streichen Sie unnötige Angaben durch.

Schreiben Sie die wichtigen Angaben
in einer logischen Reihenfolge auf:

1. Begrüßung, 2.

- Hobbys
- Begrüßung (Guten Tag)
- Zeitraum des Praktikums
- Grund des Anrufs (Praktikumsplatz)
- eigene Adresse
- Vor- und Nachname
- Name der Schule
- Berufswunsch
- Ende des Schulbesuchs
- Beruf der Eltern
- Deutschnote
- Alter

Bewerbung

Bewerbungsgespräch

1 Abchecken

Nuri hat eine Einladung zu einem Bewerbungsgespräch bekommen.

Er hat eine Checkliste mit Fragen, die man ihm stellen könnte, und er hat sich mögliche Antworten überlegt. Kreuzen Sie die beste Antwort an.

> Wir stellen ein zum 1.8.:
>
> **Auszubildende als**
> ➤ **Maler/in**
> ➤ **Lackierer/in**
>
> Wir suchen motivierte junge Leute mit Verantwortungsbereitschaft und Teamgeist. Hauptschulabschluss Voraussetzung
>
> Schriftliche Bewerbungen an:
> **Fa. Nagel & Nagel**
> Sandershäuser Str. 17 B, 34007 Kassel

1. Warum möchten Sie gerade Maler werden?
- ☐ a) Ich habe schon als Kind gern mit Buntstiften gemalt.
- ☐ b) Mir gefällt, dass es in diesem Beruf nicht so laut ist.
- ☐ c) Beim Renovieren unserer Wohnung habe ich geholfen und gemerkt, wie viel Spaß mir das macht.

2. Woher kennen Sie unseren Betrieb?
- ☐ a) Dort, wo mein Onkel arbeitet, hat Ihre Firma ein paar Räume renoviert, und mein Onkel hat gesagt, sein Chef war sehr zufrieden damit.
- ☐ b) Ich habe im Telefonbuch nachgeguckt.
- ☐ c) Einmal habe ich einen Maler getroffen, der gerade fürs Frühstück eingekauft hat. Den hab ich nach der Firma gefragt und er hat gesagt, dass er gern bei Ihnen arbeitet.

3. Haben Sie schon irgendwo verantwortungsvoll gearbeitet?
- ☐ a) Na ja, ich hatte mal ein Meerschweinchen, aber nur ein halbes Jahr.
- ☐ b) Weil meine Eltern getrennt leben, muss ich seit drei Jahren beim Einkaufen und zu Hause helfen und ab und zu pass ich auch auf meinen kleinen Bruder auf.
- ☐ c) Ich bin doch noch Schüler!

4. Arbeiten Sie gern mit anderen zusammen?
- ☐ a) Ich spiele Fußball und als Mannschaft muss man immer zusammenarbeiten.
- ☐ b) Meistens schon. Kommt drauf an, wie die anderen sind.
- ☐ c) Ja, ich finde, das macht mehr Spaß und die Zeit vergeht schneller.

5. Was machen Ihre Eltern?
- ☐ a) Keine Ahnung, was mein Vater macht. Meine Mutter geht putzen.
- ☐ b) Meine Eltern leben schon lange getrennt. Ich wohne bei meiner Mutter. Sie arbeitet als Haushaltshilfe.
- ☐ c) Meinen Vater sehe ich nur zweimal im Monat. Er arbeitet bei einer Baufirma. Dort macht mein Bruder auch eine Ausbildung.

6. Wie sehen Ihre schulischen Leistungen aus?
- ☐ a) In Sozialkunde, Mathe und Sport bin ich ganz gut. Englisch liegt mir nicht so.
- ☐ b) Es geht.
- ☐ c) In Deutsch komme ich mit dem Lehrer nicht klar. Das macht mir keinen Spaß.

Lebenslauf

1 Wichtige Facts

Bei einem Bewerbungsgespräch im Mai 2000 soll Nuri etwas über sich erzählen.

Was würden Sie an seiner Stelle nicht erzählen? Streichen Sie es durch.

Tragen Sie die nötigen Angaben aus Nuris Erzählung in den tabellarischen Lebenslauf auf Seite 47 ein.

Versuchen Sie die restlichen Daten, die noch fehlen, durch logisches Nachdenken herauszukriegen.

Ja, also ich heiße Nuri Kujawski. Ich bin in Deutschland geboren. Mein Vater ist Deutscher, meine Mutter ist Türkin. Ich bin jetzt 17 Jahre alt, am 2. November hatte ich Geburtstag. 1982 bin ich geboren. In Kassel wohne ich erst drei Jahre. Zuerst haben wir in Schleswig gewohnt. Da bin ich auch geboren.

Als ich fünf Jahre alt war, sind wir nach Naumburg gezogen. Das ist eine kleine Stadt hier in der Nähe. Da ist dann meine Schwester geboren. Die ist ein Neujahrskind: Genau Neujahr 1988 ist sie geboren. Sie heißt Gül. Aber als mein Vater dann eine andere Arbeit gesucht hat, sind wir hierher nach Kassel gezogen.

Jetzt gehe ich hier auf die Hauptschule „Am Weinberg", seit dem 6. Schuljahr, also seit 1996. Jetzt bin ich im neunten Schuljahr, das wissen Sie ja.

Vorher bin ich in Naumburg auf die Schule gegangen, auf die Grund- und Hauptschule. Seit Sommer 1991. Das kann ich mir ganz gut merken: 91 – erstes Schuljahr, 92 – zweites Schuljahr, na ja, und so weiter.

Ja, und meine Hobbys? Also, ich spiele gern Streetball. Ich weiß nicht, ob Sie das kennen, so eine Art Basketball, aber auf der Straße. Im Sommer spiel ich auch ab und zu Fußball, aber wir haben keinen guten Platz – na ja, Streetball ist halt einfacher, das kann man fast überall machen. Das ist auch irgendwie cooler. Sport ist sowieso eins meiner Lieblingsfächer, und dann noch Mathe. Und ins Kino gehe ich gern, jede Woche, wenn ich Geld habe. Meistens guck ich mir Action-Thriller an.

Ich mache gerade die Moped-Prüfung. Wenn ich die schaffe, schenkt mir mein Vater ein Moped. Aber die Fahrschule musste ich selber bezahlen. Ich trage manchmal Zeitungen aus. Da hab ich mir ein bisschen Geld gespart.

Bewerbung

Schwarzstraße 19
34111 Kassel
Tel. 0561 / 561561

Lebenslauf

Persönliche Daten

Geburtsdatum, -ort

Staatsangehörigkeit

Eltern   *Peter Kujawski*
                Gülay Kujawski, geb. Erkan

Geschwister

Schulausbildung

Lieblingsfächer

Besondere Kenntnisse

Hobbys

Geschäftsbriefe

1 Bewerbung
Sie bewerben sich schriftlich um eine Stelle als Friseur/Friseurin.
Suchen Sie bei den Stellenanzeigen in der Zeitung oder
in den „Gelben Seiten" die Adresse eines Friseursalons.

Das Bewerbungsschreiben ist ein Geschäftsbrief und muss bestimmte
Angaben enthalten. Lesen Sie diese im Schülerbuch auf Seite 61 nach.
Tragen Sie alle nötigen Angaben – außer dem Textblock –
auf der nächsten Seite ein.

2 Textblock
Notieren Sie sich Stichworte für den Textblock.

1. Woher wissen Sie von dem Ausbildungsplatz?
_____

2. Was machen Sie zur Zeit? Haben Sie schon den Hauptschulabschluss?
_____

3. Kennen Sie den Beruf schon? Woher? (Praktikum, Freund, Familie, ...)
_____

4. Warum möchten Sie den Beruf erlernen? Welche Stärken haben Sie?
_____

3 Was passt zu Ihnen?
Unten stehen Vorschläge für den Textblock.
Die meisten sind in der 2-teiligen Sprech-Vergangenheit geschrieben.
Die klingt in einem Bewerbungsschreiben oft besser.

Schreiben Sie passende Sätze für
Ihre Situation auf die nächste Seite.

A Von dem Ausbildungsplatz habe ich im Berufsinformationszentrum erfahren.

B Ich glaube, dass ich für diesen Beruf geeignet bin, weil ich gern mit Menschen umgehe und geschickt bin.

C An der Friedrich-Ebert-Schule habe ich den Hauptschulabschluss gemacht.

D Bei einem dreiwöchigen Praktikum konnte ich schon einige Erfahrungen sammeln.

E Über die Aufgaben einer Friseurin/eines Friseurs habe ich mich durch Gespräche mit meiner Tante informiert, die bei Ihnen arbeitet.

Bewerbung

Absender: Name _____ _____ Ort, Datum

Straße _____

Ort _____

Telefon _____

Adresse: Name _____

Straße _____

Ort _____

Betreff _____

Anrede _____

Textblock _____

_____

_____

_____

_____

_____

_____

_____

_____

_____

Grußformel _____

Unterschrift _____

Anlagen _____

_____

3 Was vergessen, oder?

In diesen Geschäftsbriefen fehlt jeweils eine der neun nötigen Angaben. *(Siehe Schülerbuch, S.61.)*

Brief A:

Anja Wolter
Hollandstr. 19
12345 Dussel

Fa. Events
Steinstr. 19
98675 Schussel

Kauf eines PC-Programms „Fun 2000"

Sehr geehrte Damen und Herren,

das Programm, das ich am 13.2.1999 bei Ihnen gekauft habe, ist leider fehlerhaft. Wenn der Drucker in Betrieb ist, lässt sich das Programm nicht öffnen.
Ich schicke das Programm hiermit zurück und bitte Sie, mir innerhalb einer Woche ein fehlerfreies Exemplar zu schicken.

Mit freundlichen Grüßen
A. Wolter

Anlage:
„Fun 2000", fehlerhaftes Exemplar

Brief B:

Andrej Glolowski
Hauptstraße. 2
98765 Schussel

Kaufburg KG

Bestellung eines Walkman XY 323

Sehr geehrte Damen und Herren,

hiermit möchte ich von der Bestellung, die ich am 10.4.99 in Ihrem Geschäft gemacht habe, zurücktreten.

Mit freundlichen Grüßen
Andrej Glogowski

Anlage:
Kopie der Bestellung

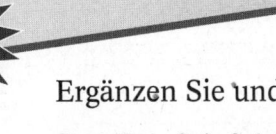

Ergänzen Sie und begründen Sie:

Bei Brief A fehlt _____

Das ist wichtig _____

_____

Bei Brief B fehlt _____

Das ist wichtig _____

_____

Warum schicken Anja und Andrej Anlagen zu ihrem Brief?

Anja schickt als Anlage _____

weil _____

_____

Andrej schickt als Anlage _____

weil _____

_____

Bewerbung

Rechtschreibung

1 Einfach oder doppelt?

Um zu wissen, ob nach einem Selbstlaut nur *ein* Mitlaut oder *zwei gleiche* Mitlaute stehen, muss man hören, ob der Selbstlaut lang (gegähnt) oder kurz (geschnipst) klingt.

na klar!
Nach **langem** Selbstlaut (*Gähnwörter*) steht **ein** Mitlaut.

Nach **kurzem** Selbstlaut (*Schnipswörter*) stehen oft **zwei gleiche** Mitlaute.

Ergänzen Sie die Wörter und tragen Sie sie in die richtige Spalte ein.
In jede Spalte kommen gleich viele Wörter.

einma__
Arbeitsste__e
to__   vie__
Schu__e   Haarge__
spü__en   sti__
Einfa__   abho__en
Mü__tonne   Bu__e

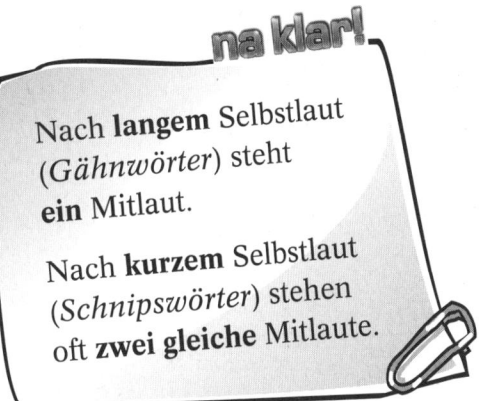

Gähnwörter („l")	Schnipswörter („ll")
_____	_____
_____	_____
_____	_____
_____	_____
_____	_____
_____	_____

2 Schnell-Gedichte

Wer reimen kann, hat weniger Probleme mit der Rechtschreibung, denn was sich reimt, wird oft gleich geschrieben.

Suchen Sie möglichst viele Reimwörter.
Die Anfangsbuchstaben helfen Ihnen dabei.
Einige kommen mehrfach vor.
→ B, G, H, K, Kn, Kontr, P, pr, Qu, R, Sch, Schn, Schw, St, W, Z

Fall		Falle	Stelle	Wolle
____all	____all	____alle	____elle	____olle
____all	____all	____alle	____elle	____olle
____all	____all	____alle	____elle	____olle
____all	____all	____alle	____elle	____olle
			____elle	____olle
			____elle	

Jetzt bin ich ganz gescha_____:
Er hat's noch nicht _____!

Der hat nicht alle an der La_____.
Er steht schon wieder auf der _____.

Für die Tafel den Schwa_____.
Für die Haare den _____.

3 Eineiige Zwillinge
Ergänzen Sie passende Reimwörter mit doppeltem Mitlaut.

Schreiben Sie in den Kasten, um welchen Mitlaut es geht. Es ist jedesmal ein anderer.

Das Schild ist aus Pa_____.
Jetzt halt deine _____!

Das Ei ist in der Pfa_____,
der Kaffee in der _____.

Jetzt bin ich ganz verwi_____:
Ich habe mich ver_____.

4 Zwillinge gesucht!
In diesem Text sind alle doppelten Mitlaute gelöscht.
Schreiben Sie den Text richtig ab:

_____
_____
_____
_____
_____
_____

> Ich habe großes Intere✿✿e an dieser Ste✿✿e, weil ich schon i✿✿er mit Menschen zu tun haben wo✿✿te. Ich ho✿✿e, da✿✿ ich beim Praktikum a✿✿e meine Stärken unter Beweis ste✿✿en ka✿✿. Ich denke, da✿✿ ich während dieses Schuljahres den Hauptschulabschlu✿✿ scha✿✿e.

5 Pudding im Bagger
Wörter mit „bb", „dd" und „gg" gibt es nur ganz wenige.
Welches Wort gehört hinter die Worterklärung?

- kann man mit einem Boot tun: _____
- Nachtisch aus Milch: _____
- Freizeitbeschäftigung: _____
- eine Hunderasse: _____
- das Gegenteil von Flut: _____
- Maschine auf der Baustelle: _____
- unerlaubt über die Grenze bringen: _____

Ebbe
Hobby
paddeln
Pudding
Bagger
Dogge
schmuggeln

In diesem Kapitel lernen Sie:

Texte und Situationen
→ Tagesprotokolle schreiben
→ sachliche Berichte schreiben
→ Inhaltsangaben schreiben
→ Texte und Anzeigen verstehen und zusammenfassen
→ Formulare ausfüllen

Raus mit der Sprache!!!
→ Zukunftsform von Tätigkeitswörtern
→ Möglichkeitsform von Tätigkeitswörtern
→ Möglichkeitsform als Höflichkeitsform

Rechtschreibung
→ Wörter mit „ck" („kk")
→ Wörter mit „tz" („zz")
(zwei- und eineiige Zwillinge)

Zeit

7

Berichte

1 Alibis

Die Polizei sucht eine Gruppe von Brandstiftern.
Sie will von allen Schülern ein Tagesprotokoll aufnehmen.
Dafür soll jeder schon mal in Stichworten notieren,
was er gestern den ganzen Tag gemacht hat – wo und mit wem.

Rina hat geschrieben:

```
6.30 Uhr   aufgestanden, gewaschen, gefrühstückt (mit meiner Mutter)
7.15 Uhr   aus dem Haus gegangen (allein)
7.50 Uhr   in der Schule angekommen (allein)
8.00 Uhr   Unterrichtsbeginn
13.15 Uhr  Unterrichtsende, allein in die Stadt gegangen (Hauptstraße)
13.45 Uhr  mit Sina bei Alifs Imbiss Döner gegessen (Lange Straße)
14.20 Uhr  Pit und Jogi getroffen und zu viert Klamotten angeguckt
           (Girls Shop, Lange Straße)
16.00 Uhr  zu Hause angekommen (allein), Aufgaben gemacht
18.00 Uhr  Abendbrot gegessen mit Mutter und Bruder
18.45 Uhr  mit Jogi ins Kino gegangen (Capitol, Berliner Straße)
21.30 Uhr  Film zu Ende, mit Jogi durch die Stadt gegangen (Hauptstr.)
22.30 Uhr  zu Hause angekommen (allein)
23.00 Uhr  ins Bett gegangen (allein)
```

Schreiben Sie Ihren eigenen Tagesablauf vom
letzten Schultag in Stichworten in Ihr Heft.

2 Fürs Protokoll

Der Polizeibeamte nimmt dann Rinas Protokoll auf.
Er schreibt den Bericht in der *Ich-Form*,
weil Rina am Ende unterschreiben muss:
→ *Gestern stand ich um 6.30 Uhr auf. Um 7.15 Uhr ging ich ...*

Schreiben Sie anhand der Stichworte
für Ihren Tagesablauf einen ausführlichen
Bericht in Ihr Heft.
Benutzen Sie die Schreib-Vergangenheit.

Unterstreichen Sie in Ihrem Bericht
alle Textstellen, die auf die Fragen
Wer?, *Was?*, *Wann?*, *Wo?* antworten.

Gibt es auch Stellen, die auf die Frage *Wie?*
antworten? _____

na klar!

In einem **Bericht** stehen nur
Tatsachen, keine Meinungen
oder Gefühle.

Ein Bericht antwortet auf
die Fragen:
→ *Wer? Was? Wann? Wo? Wie?*
   (Warum? Welche Folgen?)

Zeit

3 Tias Tag

Im Schülerbuch auf Seite 71 steht Tias Tagesablauf.
Was könnten Sie als Zeuge berichten, wenn
Sie an diesem Tag bei Tia gewesen wären?
➜ *Tia stand um 6.00 Uhr auf.*
   Sie duschte, ...

Schreiben Sie den Bericht in Ihr Heft.

4 Peng!

Laura erzählt:

Unterstreichen Sie
alle Stellen im Text,
die auf die Fragen
➜ *Wer?*
➜ *Was?*
➜ *Wann?*
➜ *Wo?*
antworten.

Gibt es auch Antworten
auf die Fragen
➜ *Wie?*
➜ *Warum?*
➜ *Mit welchen Folgen?*

Laura muss der Polizei
an der Unfallstelle einen
Bericht als Zeugin abgeben.
Schreiben Sie sachlich
auf, was passierte.
Benutzen Sie die
Schreib-Vergangenheit.

> Mensch, hört mal, was ich gestern erlebt habe!
> Da schnallt ihr ab! Wenn ich dran denke,
> ist mir immer noch ganz ölig.
>
> Ich steig also nach der Schule so gegen eins
> aus der Straßenbahn und will über die Straße.
> Erst will ich bei Rot gehen, aber da kommt
> so 'n obergeiler Schlitten und ich denke:
> Schau mal an! Saß 'n megacooler Typ drin.
> Und als er stehen bleibt, guck ich ihn an und
> er guckt mich an.
>
> Auf einmal hör ich 'n Schrei von 'ner Frau
> und will gucken, was los ist. Aber da hör ich
> die Bremsen quietschen bis zum Ohrensausen
> und gleich drauf 'nen Riesenknall. Peng!
> War ihm einer draufgefahren – bestimmt mit
> 50 Sachen! Und vor dem Schlitten liegt 'n
> Junge auf der Straße. Au Scheiße!, denke ich.
> Alle Leute sind gleich zu dem hin. Der ist
> hinüber, denk ich. War so 'n Kerlchen aus
> der Mittelstufe, 12 oder 13 Jahre alt.
>
> Da steht der plötzlich auf, als wär nix passiert.
> Hatte nur 'n kaputten Ärmel. Eine Frau hat ihn
> gleich gepackt und von der Straße gezerrt.
> Und der Schlittenfahrer saß mit käsebleichem
> Gesicht in seiner Karre und hat sich nicht gerührt.
> Der hat bestimmt erst gedacht, er hätte einen
> übergemangelt.
>
> Na ja, und wie ich ihn so angucke mit seinem
> Käsegesicht, musste ich plötzlich furchtbar
> lachen. Der sah jetzt gar nicht mehr cool aus!
> Und dann waren auch schon die Bullen da,
> weiß auch nicht, wo die so schnell herkamen ...

5 Formular

Die Versicherung verlangt den Unfallbericht auf einem Formular.
Beide Fahrer müssen es ausfüllen und ankreuzen.
- Fahrzeug A ist der „obergeile Schlitten",
- Fahrzeug B das Auto, das auf ihn draufgefahren ist.

Kreuzen Sie für beide Fahrzeuge unter Nr. 12 das Zutreffende an.
Zeichnen Sie außerdem in die Skizze bei Nr. 10
den Punkt des Zusammenstoßes ein.

Unfallbericht

Keine Schuldanerkenntnis, sondern eine Wiedergabe des Unfallherganges zur schnelleren Schadenregulierung.

Von beiden Fahrzeuglenkern auszufüllen!

3. Verletzte? nein / ja¹⁾

1. Tag des Unfalles | Uhrzeit | 2. Ort Straße, Haus-Nr. bzw. Kilometerstein

4. Andere Sachschäden als an den Fahrzeugen A und B — nein / ja
5. Zeugen Name, Anschrift, Telefon (Insassen unterstreichen)

Fahrzeug A | **Fahrzeug B**

Besteht Berechtigung zum Vorsteuerabzug? nein / ja

7. Fahrzeug Marke, Typ
Amtliches Kennzeichen
8. Versicherer Name der Gesellschaft
Vers. Nr. | Nr. der Grünen Karte (für Ausländer)
»Attestation« oder Grüne Karte – gültig bis
Besteht eine Vollkasko-Versicherung? nein / ja
9. Fahrzeuglenker Name (Großbuchstaben) | Vorname
Adresse
Führerschein-Nr. | Klasse
ausgestellt durch
gültig ab²⁾ | bis²⁾

10. Bezeichnen Sie durch einen Pfeil den Punkt des Zusammenstoßes

11. Sichtbare Schäden

12. Bitte Zutreffendes ankreuzen

Fahrzeug

A		B
1	war abgestellt	1
2	fuhr an	2
3	hielt an	3
4	fuhr aus Grundstück oder Feldweg aus	4
5	bog in Grundstück oder Feldweg ein	5
6	bog in einen Kreisverkehr ein	6
7	fuhr im Kreisverkehr	7
8	fuhr auf	8
9	fuhr in gleicher Richtung, aber in einer anderen Spur	9
10	wechselte die Spur	10
11	überholte	11
12	bog rechts ab	12
13	bog links ab	13
14	fuhr rückwärts	14
15	fuhr in die Gegenfahrbahn	15
16	kam von rechts	16
17	beachtete Vorfahrtszeichen nicht	17

◄ Anzahl der angekreuzten Felder ►

13. Unfallskizze

Bezeichnen Sie:
1. Straßen
2. Richtung der Fahrzeuge A und B
3. Ihre Position im Moment des Zusammenstoßes
4. Straßenschilder
5. Straßennamen

15. Unterschrift der Fahrzeuglenker A | B

14. Bemerkungen

Zeit

Inhaltsangabe

1 Serien
Ihr Onkel ist krank. Sie besuchen ihn zu Hause. Leider läuft an diesem Abend Ihre Lieblingsserie. Ihr Onkel kennt die nicht und fragt: „Worum geht es denn da?"

Beschreiben Sie in Ihrem Heft die wichtigsten Personen dieser Serie und erzählen Sie kurz das Geschehen der letzten drei bis vier Folgen.
Die Inhaltsangabe oder Zusammenfassung soll höchstens eine halbe Seite lang sein.
Benutzen Sie die Gegenwart.
→ *Die Serie spielt in ...*
→ *Die Hauptpersonen sind ...*

na klar!

Eine **Inhaltsangabe** (oder **Zusammenfassung**) von einem Film oder einem Text antwortet – wie ein Bericht – auf die Fragen
→ *Wer? Was? Wann? Wo? Wie?*

Man schreibt überwiegend in der Gegenwart.

2 Letzte Folge
Während Sie bei Ihrem Onkel Ihre Lieblingsserie gucken, schläft Ihr Onkel ein. Er hat nur die erste Viertelstunde mitbekommen. Als er wieder aufwacht, ist die Sendung längst gelaufen. Er will wissen, was weiter passiert ist.

Fassen Sie die letzte Folge Ihrer Lieblingsserie in Ihrem Heft zusammen.
Die Hauptpersonen (*Wer?*) und die anderen Umstände (*Wann?*, *Wo?*) sind ja schon bekannt.
Schreiben Sie in der Gegenwart.
Ihr Text soll nicht mehr als 20 Sätze haben.

3 Paradiesisch ...
Lesen Sie die Inhaltsangabe rechts. Kennen Sie diese Geschichte? Wenn nicht, fragen Sie Ihre Eltern, Großeltern oder Ihre Lehrer/innen. Fragen Sie auch nach der Fortsetzung.

Schreiben Sie dann den zweiten Teil der Inhaltsangabe in Ihr Heft.

Ein Mann und eine Frau leben in einem schönen Garten. Sonst gibt es keine anderen Menschen dort. Es geht ihnen gut. Sie haben genug zu essen und sind zufrieden. Sie tragen keine Kleidung und schämen sich nicht dafür.
Im Garten steht ein großer Apfelbaum, von dem sie aber nicht essen dürfen. Eines Tages ringelt sich eine Schlange im Gras und spricht zu der Frau: ...

Kinogänger

So viele Eintrittskarten wurden 1996 im Durchschnitt je Einwohner verkauft.

- 0,8 Portugal
- 0,9 Griechenl.
- 1,0 Japan
- 1,1 Finnland
- 1,1 Niederlande
- 1,5 Österreich
- 1,6 Deutschland
- 1,7 Schweden
- 1,7 Italien
- 1,8 Luxemburg
- 1,9 Dänemark
- 2,1 Großbritannien
- 2,1 Belgien
- 2,3 Frankreich
- 2,6 Norwegen
- 2,7 Spanien
- 3,2 Irland
- 4,6 USA

Quelle: eurostat

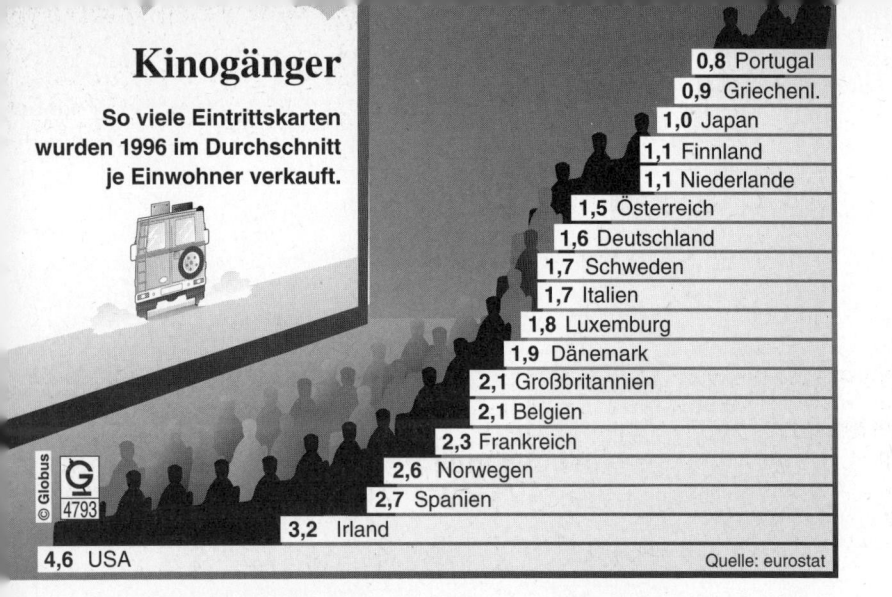

Comeback des Kinos

1 Amerikaner sind die eifrigsten Kinogänger.
2 4,6-mal löste im Durchschnitt jeder US-Bürger
3 im Jahr 1996 eine Eintrittskarte an der Kinokasse.
4 Von den Europäern waren die Iren am häufigsten
5 in den Lichtspielhäusern zu finden: Durchschnitt-
6 lich mehr als dreimal machte sich jeder dort ein
7 paar schöne Stunden. 1,9 Kinobesuche pro
8 EU-Bürger 1996 bedeuteten gegenüber dem Jahr
9 1990 ein Plus von 19 Prozent.
10 Auch an den Deutschen ging der Kinoboom
11 nicht spurlos vorbei. Um 30 Prozent stiegen die
12 Besucherzahlen der deutschen Kinos von 1990
13 bis 1996. Dieses Plus ist nicht allein auf die
14 Wiedervereinigung zurückzuführen: 1990 ging
15 jeder Bundesbürger durchschnittlich 1,3-mal
16 ins Kino, 1996 waren es 1,6 Kinobesuche.

20.04.1998

4 Alles klar?

Lesen Sie den Text unter der Grafik. Erklären Sie, was mit den Wörtern unten gemeint ist. Einige stehen auch in einem Fremdwörterbuch/Lexikon.

Comeback: (Zeile 1)
Neuer Erfolg nach einer Flaute

Lichtspielhäuser: (Zeile 5)
___

sich ein paar schöne Stunden machen: (Zeilen 6/7)
___
___

EU-Bürger: (Zeile 8)
___

Kinoboom: (Zeile 10)
___
___

Wiedervereinigung: (Zeile 14)
___
___

5 Kurz gesagt

In der Inhaltsangabe von „Comeback des Kinos" fehlen einige Wörter. Ergänzen Sie diese:

- In dem Text vom _____ geht es um die Zahl der _____ in Europa und in den _____ im Jahr _____, verglichen mit dem Jahr _____.
- Die _____ gingen am häufigsten ins Kino, und zwar durchschnittlich _____-mal im Jahr.
- In Europa ist _____ das Land, in dem die Leute am meisten ins Kino gingen. Die Deutschen sind 1996 im Schnitt _____-mal ins Kino gegangen; im Jahr _____ gingen sie nur 1,3-mal.

58

Zeit

6 Werbung

Die Kinoanzeigen sind aus einer Großstadt mit 200.000 Einwohnern. Von welchem Tag sind sie?

_____

Wie viele Kinos gibt es?

_____

Wie viele verschiedene Filme laufen am Freitag?

_____

Wie viele Vorstellungen gibt es am Samstag von „Late Show"?

_____

Für welches Alter sind die Filme zugelassen?
_____ Filme ab _____ Jahren
_____ Filme ab _____ Jahren
_____ Filme ab _____ Jahren

Wie viele Filme ohne Altersangabe (o. A.) gibt es?
____

VORPREMIERE im CINEMA Fr., 5. 3. 1999, 20.15 u. 23.00 Mel Gibson in „PAYBACK" DM 5,-
VORPREMIERE im GLORIA So., 7. 3. 1999, 15.00 Uhr „PÜNKTCHEN u. ANTON" DM 8,-

KASKADE Am Königsplatz · ☎ 7 29 09 33
14.45, 17.30, 20.15, Sa. 23.00 (6 J.)
13 NOMINIERT FÜR OSCARS u.a. für BESTER FILM, BESTE REGIE JOHN MADDEN, BESTE HAUPTDARSTELLERIN GWYNETH PALTROW
SHAKESPEARE IN LOVE
VIEL AUFREGUNG UM DIE LIEBE

15.15 (6 J.) 6. Wo.
SCHWEINCHEN **BABE** IN DER GROSSEN STADT

17.30, 20.00 (12 J.) Sa. 22.30 2. Wo.
Freitag keine 17.30-Vorstellung
Ein Film von Helmut Dietl **LATE SHOW**

ROYAL Königspassage · ☎ 7 29 09 55

CINEMA Am Rathaus · ☎ 7 29 09 44
15.00, 17.30 o.A. 4. Wo.
Disney **Das grosse Krabbeln**

19.45 (16 J.), 2. Wo., Fr. keine 19.45-Vorstell.
DER **SCHMALE GRAT**
JEDER KÄMPFT SEINE EIGENE SCHLACHT

GLORIA-PALAST Am Ständeplatz · ☎ 7 29 09 77
15.00, 17.30, 20.15 (6 J.), 4. Wo.
So. keine 15.00-Vorstellung
Tom Hanks, Meg Ryan
Von der Regisseurin von SCHLAFLOS IN SEATTLE
e-m@il für Dich

BAMBI 1 Kölnische Str. · 200 m v. Königsplatz · ☎ 7 29 09 11
15.00, 17.30, 20.15 (6 J.)
Tobey Maguire, Jeff Daniels, Joan Allen, William H. Macy, J.T. Walsh und Reese Witherspoon
Pleasantville
Zu schön, um wahr zu sein.

BAMBI 2 Kölnische Str. · 200 m v. Königsplatz · ☎ 7 29 09 11
15.30, 18.00 (6 J.) 6. Wo. JULIA ROBERTS
SEITE AN SEITE

20.30 (12 J.) 3. Wo.
FÜR DAS LEBEN EINES FREUNDES

BAMBI 3 Kölnische Str. · 200 m v. Königsplatz · ☎ 7 29 09 11
15.15, 17.45 (6 J.) 2. Wo.
MICHAEL KEATON **Jack Frost**
Der coolste Dad der Welt

20.00 (16 J.) 7. Woche
DENZEL WASHINGTON · ANNETTE BENING
AUSNAHMEZUSTAND

SONDERVORSTELLUNGEN
· ENGLISCHE ORIGINALFASSUNG ·
Freitag, 5. 3. 1999
17.30 Uhr (12 J.) **ROYAL**
SANDRA BULLOCK ★ NICOLE KIDMAN
PRACTICAL MAGIC
(Zauberhafte Schwestern)

Wenn Sie ein paar der Filmtitel kennen:
Welche Art Filme werden gezeigt? (Action-, Liebes-, Zeichentrick-, ...)

_____

Schreiben Sie jetzt eine Zusammenfassung in vollständigen Sätzen:

Am_____ werden_____ verschiedene Filme gezeigt. _____

_____
_____
_____
_____
_____

Raus mit der Sprache!!!

1 Pessimismus

> Ich werde sowieso keinen Ausbildungsplatz bekommen!
> Leute mit meiner Ausbildung wird ja doch keiner nehmen!
> Der Chef wird mit Sicherheit ein schräger Typ sein!
> Mir wird diese Ausbildung bestimmt keinen Spaß machen!

Unterstreichen Sie in jedem Satz beide Teile des Tätigkeitswortes.

Ändern Sie diese pessimistischen Meinungen in optimistische um. Ergänzen Sie das 2-teilige Tätigkeitswort und „vielleicht", „hoffentlich" oder „wahrscheinlich".

na klar!
In der **Zukunft** hat jedes Tätigkeitswort zwei Teile:
1. eine Form von *werden*
2. die Grundform

→ Ich **werde** ... **bekommen**.

Ich _____ *vielleicht* einen Ausbildungsplatz _____.

Leute mit meiner Ausbildung _____ _____ doch einer _____.

Der Chef _____ _____ ein netter Typ _____.

Mir _____ diese Ausbildung _____ Spaß _____.

2 Wetten, dass ...

Morgen wird die deutsche Nationalmannschaft gegen die französische spielen.

Manche meinen:
- Die Franzosen kriegen bestimmt den A... voll.
- Der Schiedsrichter ist wohl wieder parteiisch.
- Die deutsche Abwehr funktioniert ja doch nicht.
- Der Reporter labert wahrscheinlich nur Mist.

Schreiben Sie diese Einschätzungen in der Zukunft:

Die Franzosen werden _____

_____

_____

_____

_____

Zeit

3 Stell dir vor, …

Boris fragt Elena: Stell dir vor, du *würdest* morgen *erfahren*, dass du nur noch sechs Monate zu leben hast! Was *würdest* du *tun*?

Was würden Sie an Elenas Stelle antworten?

Ich würde _____

_____

_____

> **na klar!**
> Die **Möglichkeitsform** (*Konjunktiv*) benutzt man, um zu sagen, was sein **könnte**:
> → Ich hätte gerne eine Stelle.
> → Ich müsste eigentlich gehen.
>
> Meistens bildet man die Möglichkeitsform mit *würden*:
> → Ich **würde** eine Reise **machen**.

4 Keinen Bock!

> **Cengiz' Tagesplan:**
> Er <u>muss</u> heute noch einkaufen,
> <u>soll</u> seiner Mutter helfen,
> <u>kann</u> sich bei Eva eine CD leihen,
> <u>muss</u> sein Mofa reparieren.
> Aber: Er will lieber Billard spielen gehen!

Ergänzen Sie mit der Möglichkeitsform:

Cengiz geht in den Billard-Salon, obwohl er heute eigentlich noch einkaufen müsste, seiner Mutter _____

_____

_____

> **na klar!**
> Mit der **Möglichkeitsform** (*Konjunktiv*) kann man **höflich** bitten und fragen:
> → Könntest du …?
>   Würden Sie bitte …?

5 Höflichkeit

Ändern Sie bitte in die höflichere Möglichkeitsform:

■ Helfen Sie mir dabei? _____

■ Darf ich mal durch? _____

■ Gibst du mir deine Hausaufgaben? _____

_____

■ Kannst du mal still sein? _____

Rechtschreibung

6 Pizza oder Makkaroni?

In manchen Fremdwörtern gibt es
die *eineiigen* Zwillinge „**zz**" und „**kk**".
Ergänzen Sie „**kk**" oder „**zz**":

Mo**kk**a, A___ord, A___u, Ski___e.

Bei deutschen Schnipswörtern stehen
aber die *zweieiigen* Zwillinge „**tz**" und „**ck**".

> **na klar!**
> Nach kurzem Selbstlaut
> (*Schnipswörter*) steht
> bei deutschen Wörtern
> nicht „kk" und „zz",
> sondern „**ck**" und „**tz**":
> → *Jacke, Satz, ...*

Finden Sie Reimwörter. Die Anfangsbuchstaben in Klammern helfen.

flitzen: (bl-, erh-, r-, s-, sp-, schw-)

blitzen, _____

Katzen: (Fr-, pl-, Sp-, schm-, schw-, T-)

_____

Fetzen: (h-, verl-, p-, s-, w-)

_____

Mit „**ä**" reimen sich auf „Fetzen" auch: schw_____, sch_____.

7 Gecheckt?

Welches Tätigkeitswort passt dazu?

mit -ack-	Brötchen _____	Holz _____
mit -eck-	etwas ab_____	die Beine aus_____
mit -uck-	Fernseh _____	aus_____
mit -ück-	die Türklinke _____	sich _____
mit -ick-	einen Brief ab_____	durch_____

Schreiben Sie noch mehr Tätigkeitswörter mit „**ck**" in Ihr Heft.

8 Fremdlinge mit ck

Was bedeuten diese
englischen Fremdwörter
mit „**ck**"?
Benutzen Sie ein Wörterbuch,
wenn Sie Hilfe brauchen.

Blackout	
checken	
Kick	
knock out (k.o)	
Rock'n Roll	

Gefühle

In diesem Kapitel lernen Sie:

Texte und Situationen
→ Liebesbriefe schreiben
→ Gedichte schreiben
→ Texte interpretieren

Rechtschreibung
→ Wörter mit lang gesprochenem „i"
→ Wörter mit Dehnungs-h
→ Wörter mit doppeltem Selbstlaut („aa", „ee", „oo")
→ Anreden in Briefen

Liebesbriefe

1 O, holder Jüngling!

Der Liebesbrief ist von 1771.
Was möchte Karoline von
Johann Gottfried wissen?

_____
_____
_____

Was ist schuld daran,
dass Sie so viel fragt?

_____
_____
_____
_____

> O, was machen Sie, holder, süßer Jüngling? Denken Sie noch an mich? Lieben Sie mich noch? O, verzeihen Sie, dass ich das frage! In Ihrem letzten göttlichen Brief bin ich ja *dein* Mädchen, und doch muss ich fragen. Ich habe einige Zeit so viel im Traum mit Ihnen zu tun, und das ist schuld daran; aber es ist nur ein Traum, und *du* bist mein, mein. Ach, in meinem Herzen ewig mein!
>
> Karoline Flachsland
> an Johann Gottfried Herder

Herder war ein Dichter und lebte von 1744 bis 1803. Karoline war seine Verlobte.

Schreiben Sie den Brief mit heutigen Worten:

_____
_____
_____
_____
_____

2 Diplomatisch ...

Stellen Sie sich vor,
Sie bekommen so einen
ähnlichen Brief wie in Aufgabe 1.
Aber die Person, die ihn geschrieben hat,
ist Ihnen inzwischen ziemlich egal.

Schreiben Sie einen diplomatischen
Antwortbrief in Ihr Heft.
Die Stichworte rechts
helfen Ihnen vielleicht dabei.

- ... tut mir Leid ...
- ... brauche mehr Zeit für mich ...
- ... verstehe meine Gefühle im Moment nicht ...
- ... bin sehr mit der Schule beschäftigt ...
- ... kann mich im Moment nicht für dich entscheiden ...
- ... hoffe, wir sehen uns irgendwann ...

Gefühle

Gedichte

1 Zwölf Seiten!

Das Gedicht ist von Heinrich Heine.
Er lebte von 1797 bis 1856.
Was wollte Heine mit dem Gedicht sagen?
Ergänzen Sie:

- Heinrich Heine hat wohl einen _____

  bekommen, in dem seine _____

  ihm sagt, dass sie _____

  _____ .

> 1 Der Brief, den du geschrieben,
> 2 Er macht mich gar nicht bang;
> 3 Du willst mich nicht mehr lieben,
> 4 Aber dein Brief ist lang.
>
> 5 Zwölf Seiten, eng und zierlich!
> 6 Ein kleines Manuskript*!
> 7 Man schreibt nicht so ausführlich,
> 8 Wenn man den Abschied gibt.
>
> * Manuskript bedeutete früher: handgeschriebener Entwurf für ein Buch

- Aber Heine glaubt es ihr nicht, weil ihr Brief so _____ ist. Er sagt, dass man

  in einem _____sbrief nicht so _____ schreibt.

Lesen Sie das Gedicht laut und mit guter Betonung.

2 Bang und lang

Suchen Sie in Heines Gedicht die Reimpaare.
Das sind die Wörter am Ende der Zeilen, die sich reimen:

geschr*ieben* - l*ieben*, _____   bang - _____

_____   _____

Zählen Sie die Silben
in jeder Gedichtzeile.
Setzen Sie einen Bogen
unter jede Silbe.
➜ *Der Brief, den du geschrieben*
  1   2   3   4 5   6   7

1. Zeile: *7 Silben*
2. Zeile: _____
3. Zeile: _____
4. Zeile: _____
5. Zeile: _____
6. Zeile: _____
7. Zeile: _____
8. Zeile: _____

3 Versuch

Heines Gedicht lässt sich gut vortragen,
weil es Reimwörter hat und
eine regelmäßige Silbenzahl.

Schreiben Sie ein Abschiedsgedicht
mit regelmäßiger Silbenzahl und
Reimwörtern in Ihr Heft.
Hier ein paar Reim-Vorschläge:

Herz   Schmerz   Scherz   Nerz ...

warten   Garten   starten   Karten ...

sagen   tragen   klagen   Magen   Kragen ...

aus   Haus   Maus   Laus   Schmaus ...

Interpretieren

1 Noch ein Gedicht

Tatjanas Gedicht ist modern:
Es hat keine Reime und keine
regelmäßige Silbenzahl.

Kreuzen Sie an, was Tatjana wohl
mit diesen Zeilen meint. Es sind
mehrere Kreuze möglich.

---

1 **Ich** glaub, in dir sind Wolken.
2 Und gestern war sicher
3 blauer Himmel in dir.
4 Ich mochte dein Lachen.
5 Du bist so reich
6 damit umgegangen.
7 Und ich horche in mich
8 was alles drin ist.
9 Fensterrahmen klirren.
10 Mutter putzt die Scheiben.
...
11 Dein Blick war wie
12 geputzte Fensterscheiben.
13 Ich würde gern durch
14 deine Fenster blicken
15 und auf deinen
16 Wolken fliegen.
17 Ich glaub, ich mag dich.

Tatjana, 17 Jahre

Zeile 1 bis 3:
- ☐ Du rauchst zu viel – außer gestern.
- ☐ Du bist manchmal nachdenklich, aber gestern warst du ganz froh.
- ☐ Wenn ich an dich denke, fühle ich mich wie an einem Sommertag.
- ☐ Dein Leben ist grau und gestern hast du zu viel getrunken.
- ☐ Du hast viele Träume.

Zeile 4 bis 8:
- ☐ Dein Lachen ist noch in meinem Ohr.
- ☐ Du hast gelacht, weil du reich warst.
- ☐ Du hast mich ganz viel angelächelt.
- ☐ Du hast mich ausgelacht, weil nichts mehr in der Flasche drin war.
- ☐ An deinem Lachen versuche ich zu hören, ob du mich magst.

Zeile 11 und 12:
- ☐ Dein Blick war ganz glasig.
- ☐ Dein Blick war klar und hell.
- ☐ Dein Blick war fröhlich, wie bei schönem Wetter.

Zeile 13 bis 16:
- ☐ Ich möchte dich ansehen.
- ☐ Ich möchte deine Fenster putzen.
- ☐ Ich möchte mit dir dein Problem lösen.
- ☐ Ich möchte mit dir träumen.
- ☐ Ich möchte wissen, was du denkst und fühlst.

2 Vergleiche

„Dein Blick war wie geputzte Fensterscheiben",
schreibt Tatjana.
Welche Vergleiche fallen Ihnen ein,
wenn Sie an Begegnungen mit jemandem denken,
den Sie sehr gern haben?

■ Dein Blick war wie _____

■ Deine Worte waren wie _____

■ Dein Lachen war wie _____

Gefühle

3 Träume

Lesen Sie den Brief.
An wen ist dieser Brief von Christoph wohl geschrieben?

_____

Wo befindet sich Christoph?

_____

Warum ist es besonders für Christoph so wichtig zu träumen?

_____
_____
_____
_____
_____
_____
_____

Welche Träume haben Sie?
Schreiben Sie in Ihr Heft,
was Sie sich wünschen,
wenn es Ihnen *nicht* gut geht.

Stell dir mal vor, wir wären auf einer einsamen Insel und im Hintergrund würde die Sonne untergehen. Wir könnten zusammen sein und unseren Gedanken freien Lauf lassen.

... Schließe deine Augen und dann wirst du das Bild schon von alleine sehen. Mach dir deine eigenen Vorstellungen von dieser Insel und dann wirst du sehen, dass es nicht mal so schwer ist. Die Gedanken sind frei und du kannst in deinen Gedanken die schönsten Träume verwirklichen.

... Und jetzt stell dir vor, du hörst das Meer rauschen und die Vögel singen und nur wir zwei können diesen Augenblick genießen.

... Auf meiner Insel stehen Palmen, die uns beiden Schatten geben, wenn es zu heiß ist. Wir können aber auch im Meer schwimmen gehen und unsern Spaß haben.

... Wenn man ganz fest an Träume glaubt, werden sie vielleicht Wirklichkeit und irgendwo auf dieser Welt gibt es vielleicht unsere Insel.

Christoph, Justizvollzugsanstalt (JVA), 1997

3 Calvin und Susi

Hasst Calvin Susi?
Hasst Susi Calvin?
Erklären Sie Calvins und Susis Verhalten in ihrem Heft.

Susi, Ich hasse dich. Der Schlag soll dich treffen. Calvin

CALVIN, DU MATSCHBIRNE!

DU HAST MIR EINE EKELKARTE UND EINEN MIESEN VERTROCKNETEN BLUMENSTRAUSS GESCHICKT!

HIER HAST DU **DEIN** VALENTINSGESCHENK, DU UNGEHOBELTER KLOTZ!! PAFF

EIN VALENTINS-GRUSS UND BLUMEN! ER **MAG** MICH!
SIE HAT'S BEACHTET! SIE **MAG** MICH!

67

Rechtschreibung

1 Ein Briefchen

Lesen Sie zuerst den Merksatz.

Lesen Sie dann die Lückenwörter im Text unten
→ einmal mit kurz gesprochenem „i" und
→ einmal mit lang gesprochenem „i".
Entscheiden Sie, was richtig klingt,
und setzen Sie „i" oder „ie" ein.

Lesen Sie dann den ganzen Brief noch einmal.

na klar!

Wird das „i" lang gesprochen (*Gähnwort*), wird meistens „**ie**" geschrieben.
ABER: *ihm, ihn, ihnen, ihr*

Lang gesprochen, ABER mit einfachem „i" geschrieben:
→ *mir, dir, wir*

Ich habe d__r schon v__le Br__fchen geschr__ben und weiß

n__cht, wann s__ nach und nach bei d__r ankommen werden. ...

Du weißt, dass __ch d__ch herzl__ch l__b habe. ...

Es s__nd überall große breite Betten und du solltest d__ch

n__cht beklagen, w__ es manchmal zu Hause gesch__ht. Ach!

Mein L__bchen! Es __st n__chts besser, als beisammen zu sein.

Wir wollen es uns __mmer sagen, wenn w__r uns w__der haben.

Johann Wolfgang von Goethe an seinen „Bettschatz" Christiane, 1792
Goethe lebte von 1749 bis 1832.

---

2 Die große Anrede

In Goethes Brief sind alle persönlichen Anreden „dir", „du" und „dich" kleingeschrieben – außer am Satzanfang.

In Briefen an Leute, die man siezt, wird die Anrede immer großgeschrieben.

Wer ist gemeint: der Direktor oder seine Schüler? Entscheiden Sie und schreiben Sie mit großem oder kleinem „i".

na klar!

In Briefen schreibt man die Anrede „**Sie**", „**Ihnen**" immer **groß**.
„**Ihr**" schreibt man **groß**, wenn damit die angeredete Person gemeint ist.

Aber „**du**", „**dich**" und „**dir**" schreibt man **klein**.

Sehr geehrter Herr Direktor,
ich möchte mich heute bei __hnen über
__hre Schüler beschweren.
Das Benehmen von __hnen wird immer
schlimmer. Lernen sie bei __hnen denn keine
Manieren? Besonders __hre Wörter und
__hre Kleidung lassen sehr zu wünschen übrig.
Hochachtungsvoll
__hre Amalie-Agathe Müller-Meier

Gefühle

3 Liebe mit Selbstlauten

Die Gedichte reimen sich.

Die Reimwörter am Ende der Zeile haben immer ein Dehnungs-h. Tragen Sie die passenden ein:

na klar!
Ein **Dehnungs-h** steht immer nach einem Selbstlaut *(Vokal)*. Nach dem „h" kommt meist **l**, **m**, **n** oder **r**:
→ *Wah**l**, Leh**m**, Huh**n**, Roh**r***

A-Gedicht
Auf dich bin ich voll abgef_ahren_.
Du mit deinen 17 J_____.

E-Gedicht
Ich liebe dich so s____.
Und jeden Tag noch m____.
Hast mir den Kopf verdr____
beim Film: „Vom Winde verw____".

Ö-Gedicht
Wenn wir uns vers_____,
werd ich dich verw_____.

O-Gedicht
Du interessierst mich nicht die B____.
Ich kann viel besser ____.

Ü-Gedicht
O, lass mein Herz ergl_____,
o, lass es Funken spr_____,
o, lass es voll erbl_____.
Du musst dich nur bem_____.

4 Reim-Werkstatt

Schreiben Sie selber kurze Gedichte mit diesen Reimwörtern.
Alle haben ein Dehnungs-h.

_____
_____
_____
_____
_____
_____

Wahl Stahl Zahl kahl ...

Hahn Zahn Bahn Wahn ...

sehen gehen stehen wehen ...

Lohn Mohn Sohn ...

Floh froh Stroh roh ...

5 Kopflos

Bei den folgenden Wort-Enden fehlt in jeder Reihe immer derselbe „Kopf". Alle „Kopfwörter" haben ein Dehnungs-h.

- _____geld, _____plan, _____lehrer, _____zeit, _____gast
- _____hof, _____bus, _____steig, _____linie, _____übergang
- _____steuer, _____gruppe, _____erhöhung, _____fortzahlung
- _____anzeige, _____diagnose, _____griff, _____entscheidung

6 Ein Paar im Boot am See

„a", „e" und „o" können auch doppelt auftreten,
wenn sie lang gesprochen werden: „**aa**", „**ee**", „**oo**"

Vor diese Wortschwänze passen verschiedene
Wörter mit doppeltem Selbstlaut. Welche?

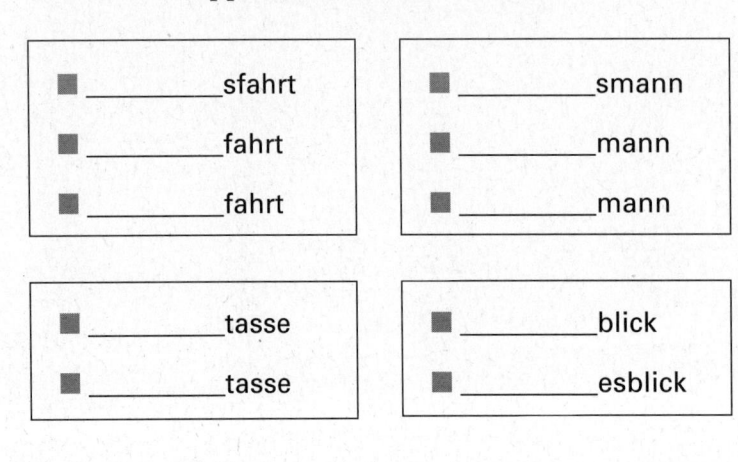

- _____sfahrt
- _____fahrt
- _____fahrt

- _____smann
- _____mann
- _____mann

- _____tasse
- _____tasse

- _____blick
- _____esblick

Die wichtigsten Wörter mit doppeltem Selbstlaut:

Haar, Paar, Saal, Staat, Waage, Schnee, Kaffee, Tee, Idee, See, Klee, Meer, leer, Beere, Seele, Moor, Moos, Boot, Zoo, doof

7 Ein leeres Lehrerzimmer

„**leer**" bedeutet nicht voll.
„**leeren**" bedeutet leer machen.
„**lehren**" bedeutet unterrichten.
Setzen Sie – je nach Bedeutung – „**ee**" oder „**eh**" ein:

- Der Mülleimer wird am Dienstag gel___rt.
- Hat Ivo die L___rstelle bekommen?
- Ich habe Sprudel gekauft, aber vergessen, das L___rgut mitzunehmen.
- Wann ist samstags die letzte Briefkasten-L___rung?
- Hast du die neue Sportl___rerin schon gesehen?
- Der Motor macht im L___rlauf manchmal Zicken.

8 Nehmen Sie!

Welche Anfangsbausteine können Sie vor *nehmen* setzen?
Gibt es ein passendes Hauptwort dazu?
Schreiben Sie die zusammengesetzten Wörter
in solch eine Tabelle in Ihr Heft:

Tätigkeitswort	Hauptwort
abnehmen	die Abnahme

ab-, an-, auf-, aus-, be-, bei-, nach-, da-, durch-, ein-, ent-, ge-, gegen-, mit-, über-, um-, un-, unter-, ver-, vor-, zu-, zwischen-

Körper

In diesem Kapitel lernen Sie:

Texte und Situationen
→ Redensarten und Sprichwörter erklären
→ Ratgeber schreiben
→ Texte verstehen
→ Reportagen schreiben

Rechtschreibung
→ „ä" oder „e"?
→ aus „au" wird „äu"

9

Redensarten

1 Kopf hoch!

Es gibt viele Redensarten, in denen ein Körperteil vorkommt. Suchen Sie zu den Redensarten oben die Formulierung unten, die dasselbe ausdrückt. Verbinden Sie mit einem Strich.

Da kannst du dich auf den Kopf stellen!

Kopf hoch!

Schlag es dir aus dem Kopf!

Sei nicht traurig!

Denk nicht mehr dran!

Auch wenn du alles Mögliche unternimmst, du wirst daran nichts ändern!

Finden Sie selbst eine Formulierung, die dasselbe wie die Redensart ausdrückt:

- Sie kann den *Hals* nicht vollkriegen.

  _____

  _____

- Sie will auf eigenen *Füßen* stehen.

  _____

  _____

- Er hat keinen *Finger* krumm gemacht.

  _____

  _____

- Der will dich nur auf den *Arm* nehmen.

  _____

  _____

2 Anders gesagt, ...

Schreiben Sie zu einem der Sprichwörter eine passende Geschichte:

»Vier Augen sehen mehr als zwei.«

»Lügen haben kurze Beine.«

»Liebe macht blind.«

_____

_____

_____

_____

3 Was passt?

Verbinden Sie die Anfänge der Sprichwörter mit dem passenden Ende:

- Wenn zwei sich streiten, ...
- Was sich liebt, ...
- Es kommt oft anders, ...
- Wer nicht hören will, ...
- Was man nicht im Kopf hat, ...

... als man denkt.
... muss fühlen.
... muss man in den Beinen haben.
... das neckt sich.
... freut sich der Dritte.

Körper

Ratgeber

1 Beim Baden schwanger?
Lesen Sie den Zeitungsartikel rechts.
Was rät Anke allen, die Fragen
zur Sexualität haben?

Wer Fragen zur Sexualität hat,
_____
_____
_____
_____
_____

»Wird man beim Baden schwanger?«

»Guten Tag, ich hab da mal 'ne Frage: Was ist denn jetzt die beste Verhütungsmethode?« ... Mit solchen und ähnlichen Fragen wird das Team der Beratungsstelle *Pro Familia* tagtäglich konfrontiert. Hier kann jeder offen über alle Themen rund um die Sexualität reden, es gibt keine Tabus. Habt ihr also Fragen, dann schaut doch einfach mal bei der Pro-Fa vorbei. Euren Namen braucht ihr übrigens nicht angeben, ihr müsst auch vorher keinen Termin vereinbaren und: die Beratung ist kostenlos.

Anke, 16 Jahre

---

2 Ratschläge
Auch in dem Zeitungsartikel von Julia und Regina stehen Ratschläge.
Unterstreichen Sie die Sätze, in denen die beiden
einen Rat oder eine Empfehlung geben.

Verhütung
Eine wichtige Sache

Viele Jugendliche im Alter von 15 bis 18 Jahren haben eine feste Beziehung; andere lehnen sie ab, weil sie sich nicht fest binden wollen. Aber fast alle von ihnen hatten schon Geschlechtsverkehr, und deshalb ist es besonders wichtig, gerade in diesem Alter an Verhütung zu denken.

Die Jugendlichen müssen sich vor Schwangerschaft, aber auch vor bestimmten Geschlechtskrankheiten schützen. ... Verhütung wird in der heutigen Gesellschaft als ein ernstes und wichtiges Thema angesehen. Jugendliche sollten sich zu diesem Thema bei Beratungsstellen gründlich informieren. Also denkt daran, euch zu schützen!

Julia, Regina, 10. Klasse

3 Das erste Mal
Ihr bester Freund/Ihre beste Freundin
möchte zum ersten Mal mit
der Freundin/dem Freund
am Wochenende wegfahren.

Was raten Sie ihm/ihr? Schreiben Sie
einen kleinen Ratgeber in Ihr Heft.

---

na klar!

Bei Ratgebern benutzt man:
→ die Befehlsform
   Achtet darauf, dass ... Sei nicht ...
→ die Höflichkeitsform
   Du solltest ... Ihr könntet ...
→ und solche Formulierungen wie
   Es ist gut, wenn du ...
   Es ist wichtig, dass man ...

Keine Prügel
Züchtigungsrecht soll abgeschafft werden

■ OSNABRÜCK (dpa) – Das Deutsche Kinderhilfswerk hat die Bundesregierung aufgefordert, dem Beispiel von Dänemark und Österreich zu folgen und das Züchtigungsrecht „schnellstens" abzuschaffen. In einem Interview sagte Präsident Thomas Krüger, die Familie sei der einzige Ort in unserer Gesellschaft, wo Kinder noch ungestraft geschlagen werden dürften.

Texte verstehen

Der Zeitungsartikel auf dieser und der nächsten Seite hat drei Absätze. Lesen Sie die Absätze mehrere Male, auch laut.
Die Fragen helfen beim Verstehen.

Absatz 1

1. **Was macht** wohl das Deutsche Kinderhilfswerk? *(Der Name hilft bei der Erklärung.)*

2. **Wen** hat das Kinderhilfswerk aufgefordert?

3. **Was** soll abgeschafft werden?

4. **Wie heißt** der Präsident des Kinderhilfswerks?

5. **Was** hat er **gesagt**?

6. Was heißt: Kinder dürfen **ungestraft** geschlagen werden?

7. Was bedeutet das Wort **Züchtigungsrecht**?

8. **Wer** hat wohl dieses Züchtigungsrecht?

9. **In welchen beiden Ländern** ist das Züchtigungsrecht schon abgeschafft?

Welche Zusammenfassung passt am besten zum ersten Absatz? Kreuzen Sie an:

☐ Thomas Krüger ist jetzt Präsident vom Kinderhilfswerk.
☐ Kinder bekommen keine Strafe, wenn sie schlagen.
☐ Das Kinderhilfswerk fordert, dass Kinder nicht mehr geschlagen werden dürfen.
☐ In Dänemark und Österreich dürfen Kinder nicht geschlagen werden.

Körper

Absatz 2

> Kinder sollten nicht länger der Gewalt der Eltern ausgeliefert sein. Sie müssten gewaltlos erzogen werden. Das Züchtigungsrecht, das auf dem preußischen Landrecht von 1794 beruhe, berge stets die Gefahr der Misshandlung in sich, sagte Krüger weiter.

1. Was heißt: Kinder müssen **gewaltlos** erzogen werden?

   _____

   _____

2. Was bedeutet **Misshandlung**?

   _____

3. „Das Züchtigungsrecht **birgt die Gefahr** der Misshandlung **in sich**" bedeutet:

   Wenn Kinder geschlagen werden dürfen, werden sie vielleicht auch

   _____

4. **Wer** hat das alles gesagt, was im 2. Absatz steht?

   _____

5. Fassen Sie den 2. Absatz in einem Satz zusammen:

   _____ *fordert, dass* _____

Absatz 3

> Nach Angaben des Kinderhilfswerkes leiden zehn bis fünfzehn Prozent aller Kinder in Deutschland unter körperlicher oder seelischer Misshandlung, Vernachlässigung oder sexuellem Missbrauch. Am häufigsten seien hiervon Kinder zwischen drei und sechs Jahren betroffen.
>
> **Sonntag aktuell 14.09.1997**

1. **Wie viel Prozent der Kinder** in Deutschland leiden unter Misshandlung, Vernachlässigung oder Missbrauch? _____ Wie viele sind das von 100? _____

2. **Was bedeuten** diese Wörter?

   ■ seelische Misshandlung: _____

   _____

   ■ Vernachlässigung: _____

   _____

   ■ sexueller Missbrauch: _____

   _____

3. **In welchem Alter** der Kinder kommen diese Probleme am meisten vor?

   _____

4. Fassen Sie den 3. Absatz in einem Satz zusammen:

   _____

   _____

Schon in der vierten Minute passiert die Katastrophe: Die amerikanische Stürmerin Kristine Lilly zieht ab, der Ball fliegt an Torfrau Silke Rottenberg vorbei – Tooor! Eins zu null für die Amerikanerinnen.

„Da spielen wir ja besser!", mault Lianna, 10, von den Deutschland-Fahnen-Schwenkerinnen. „Wenn die verlieren, tausch ich die Fahne wieder um!" Aber erst mal mit ordentlich Anfeuern versuchen. Ehrensache. Die Mädchen-Bank organisiert zuerst einen Schwung La Olas und grölt dann stehend: „USA vor, noch ein Tor, Deutschland hinterher, tausend Tore mehr!" …

Ein Raunen geht durchs Stadion. Die deutschen Spielerinnen sind dicht vorm amerikanischen Tor, das Raunen wird lauter, Spielführerin Martina Voll flankt, Stürmerin Sandra Smisek wirft sich in den Ball, fliegt einen Augenblick waagerecht durch die Luft und köpft. Tooor! Eins zu eins in der 27. Minute! Die Zuschauerinnen und die Zuschauer-Minderheit springen von den Bänken auf, das Stadion bejubelt das akrobatische Tor. Das hätte das Zeug zum „Tor des Monats", aber das Fernsehen ist bei diesem Länderspiel nicht dabei. Schließlich spielt hier nicht der deutsche Europameister, hier spielen die deutschen Europameisterinnen.

CHANTEL LOUIS ♦ „Die Hälfte vom Ball ... für die Frauen!"
EMMA, JANUAR / FEBRUAR 1998, S.56

Reportage

1 Tooor!
Lesen Sie den Text rechts.

Unterstreichen Sie:
- **rot:** Ausrufe und direkte Rede
- **blau:** Tätigkeitsteitswörter in der Gegenwart
- **grün:** alle Sätze, in denen die Stimmung geschildert wird
- **schwarz:** alle Sätze, in denen die Schreiberin ihre Meinung sagt

Um welche Sportart handelt es sich?
_____

2 Nüchtern oder spannend
Der Bericht rechts gibt ganz nüchtern wieder, wie der Wettkampf endete.
Machen Sie daraus eine spannende Reportage.

■ Welche Ausrufe von Zuschauern passen dazu?
_____
_____
_____

■ Mit welchen Worten können Sie die Stimmung während des Rennens und vor allem während der letzten Runden schildern?
_____
_____

■ Welche Meinung können Sie als Reporter/in über das Rennen haben?
_____
_____

Schreiben Sie jetzt die Reportage in Ihr Heft.
Benutzen Sie die Gegenwart.

Navese klar vorn

Beim 5000-m-Lauf der Europa-Meisterschaften in Stuttgart siegte mit über 200 m Vorsprung der Italiener Navese. Er hatte bis zur 11. Runde das Spitzenfeld von fünf Läufern angeführt und sich dann mit einem Spurt abgesetzt. Zweiter wurde der Brite Connelly, dritter der Pole Matkozoski.

Körper

3 Berufsreportage

Reportagen gibt es nicht nur beim Sport. Auch den Berufsalltag einer Person kann man lebendig und anschaulich schildern, sodass man einen guten Eindruck von dieser Person und ihrer Arbeit bekommt.

Lesen Sie den Text.
Von welchem Beruf ist die Rede?

_____

Unterstreichen Sie:
Ausrufe/direkte Rede: **rot**
Tätigkeitswörter: **blau**
Stimmungssätze: **grün**
Meinungssätze: **schwarz**

Was bedeutet das Sprichwort, das als Überschrift über der Reportage steht? Formulieren Sie es mit Ihren Worten:

_____
_____
_____

Passt die Überschrift zu der Reportage? Warum/warum nicht?

_____
_____

Morgenstund' hat Gold im Mund

Der Familienbetrieb Eugen Müller feiert dieses Jahr sein 100-jähriges Bestehen. Zum Jubiläum besuchten wir den Betrieb und begleiteten den Lehrling Peter einen Tag lang.

Es ist Montag, 7.00 Uhr. Arbeitsbeginn. Offenbar zu früh für Peter. Er gähnt laut und ärgert sich: „War wieder zu spät letzte Nacht!" Darauf nimmt sein Meister keine Rücksicht. Er schickt Peter mit seinen Kollegen Semik und Schmidtchen ins Krankenhaus: „Und vergesst die Abtönfarbe nicht wieder!" Das passt Peter nicht. „Semik ist okay", erklärt er, „aber Schmidtchen kann man's nie recht machen. Und im Krankenhaus darf man nicht mal eine rauchen und muss immer leise sein. Alles Mist!"

Schlecht gelaunt packt der 17-Jährige Pinsel und Rollen zusammen und wir steigen mit den Kollegen in den Wagen. Doch gerade als es losgehen soll, ruft Peter: „Mensch, die Abtönfarbe!" und stürzt noch mal ins Lager. Der Chef hatte es doch extra nochmal gesagt! Schmidtchen, der vorne sitzt, wird rot. Er als Ältester hätte dran denken müssen. „Seit 30 Jahren bin ich dabei", erzählt er. Aber jetzt soll er frühzeitig in den Ruhestand geschickt werden. „Sollen die doch sehen, wie sie zurechtkommen nur mit unerfahrenen, jungen Leuten!"

Die Firmenpolitik scheint auch im Jubiläumsjahr nicht auf jahrzehntelange Erfahrung zu setzen, wo Lehrlinge sowieso billigere Arbeitskräfte sind.

4 Stress

Stellen Sie sich vor, Sie schreiben in Mathe einen zweistündigen Test.

Notieren Sie sich in Ihrem Heft Stichworte zu
→ Ihrer Stimmung und Ihren Gedanken (direkte Rede)
→ dem Verhalten der Mitschüler/innen.
Welche Meinung haben Sie zu diesem Test?

Schildern Sie die beiden Stunden des Tests in Ihrem Heft. Wählen Sie eine witzige Überschrift.

Rechtschreibung

1 Aus „a" wird „ä", aus „au" wird „äu"
Suchen Sie zu jedem Stamm ein Familien-Mitglied mit „ä" oder „äu":

pack	kalt	fahr	Haus	tausch
Gepäck	_____	_____	_____	_____

schwach	stark	Tag	sauber	Braut
_____	_____	_____	_____	_____

2 Lässige Aufgabe
Schreiben Sie aus dem Artikel die fett gedruckten Worte/Wortteile in die Tabelle und suchen Sie ein verwandtes Wort mit „ä".

> Ich bin 17 und **lass** mir nichts ge**fall**en! „Wir wollen uns nicht **schlag**en", **sag**en Sascha (18) und Adam (19) über sich und ihre Freunde. Anwohner be**klag**ten sich über Drogenkonsum und Gewalt, durch Presseberichte **kam** es auch zu Anzeigen wegen **Sach**beschädigung. Streetworker L. W. will aufräumen mit dem Gewalt-Image seines **Stadt**teils. Niemand käme auf die Idee, etwa in einem gutbürgerlichen Stadtteil nach Kriminalität zu fragen, obwohl dort mehr **Straf-Tat**en be**gang**en würden als in H.

mit „a"	mit „ä"
lass	_lässig_
_____	_____
_____	_____
_____	_____
_____	_____
_____	_____
_____	_____
_____	_____
_____	_____
_____	_____
_____	_____

3 „a" oder „e"?
Setzen Sie in jeder Zeile einmal „ä" und einmal „e" ein. Schreiben Sie den Familienstamm oder die Grundform mit „a" oder „e" dahinter:

■ Er dr__hte die Kupferdr__hte zusammen.   _drehen_ _____

■ Über welchen Verr__ter r__det ihr denn dauernd? _____ _____

■ Was h__ltst du eigentlich von H__lden? _____ _____

■ Nimmst du die St__lle bei den Pferdest__llen an? _____ _____

In diesem Kapitel lernen Sie:

Texte und Situationen
→ Amtsbriefe verstehen
→ Formulare ausfüllen

Recht & Gesetz

10

Amtsbriefe

1 Da ist was fällig

Amtsbriefe sind harte Brocken,
aber man kann sie knacken!
Die *Städtischen Werke* schreiben:

> Wir möchten Sie auf die <u>Fällig-keit von Abschlagsbeträgen</u> bis zur nächsten Abrechnung hinweisen und bitten, <u>unten aufgeführte Beträge</u> <u>rechtzeitig</u> an uns <u>zu zahlen</u>.

Tipp
So kann man Amtsbriefe besser verstehen:

- aus langen Sätzen mehrere kürzere machen
- schwierige Ausdrücke in Alltagssprache „übersetzen"
- nicht so wichtige Textstellen einklammern (Aufgabe 2/3)

Die wichtigsten Worte im Brief sind unterstrichen.
Welche Erklärung passt wozu?
Verbinden Sie mit einem Strich.

1. Abschlagsbeträge
2. die Fälligkeit von Beträgen
3. unten aufgeführte Beträge

A. Beträge müssen bezahlt werden
B. Beträge, die unten auf der Seite stehen
C. runde Summen, die man zahlt, bevor der genaue Betrag ausgerechnet wird

2 Verständlich

Hier ist die Mitteilung der Städtischen Werke
in verständliche Alltagssprache übersetzt.
Ergänzen Sie die Lücken.

> Die nächste (Strom- und Gas-) _____ kommt später.
> Wir möchten Ihnen sagen, dass Sie Abschlags_____ an uns _____ müssen und wie _____ diese sind. Bitte zahlen Sie die _____, die unten auf dieser Seite _____, rechtzeitig an uns.

Recht & Gesetz

3 Klammern helfen

Ganz oben im Kasten steht das Original-Schreiben der Polizei-Inspektion.

Was ist in der 1. Vereinfachung verändert worden?

_____
_____
_____
_____

Und was in der 2. Vereinfachung?

_____
_____
_____

Formulieren Sie in Ihrem Heft die 2. Vereinfachung in verständlicher Umgangssprache.

Original:

> Um Ihnen Zeit und eine Vorladung zur Polizei zum Zwecke einer Vernehmung zu ersparen, wird Ihnen hiermit gem. § 163a Abs. 1 StPO Gelegenheit gegeben, zu dieser Beschuldigung schriftlich Stellung zu nehmen.

1. Vereinfachung:

> Um Ihnen Zeit und eine Vorladung zur Polizei (zum Zwecke einer Vernehmung) zu ersparen, wird Ihnen hiermit (gem. § 163a Abs. 1 StPO) Gelegenheit gegeben, zu dieser Beschuldigung schriftlich Stellung zu nehmen.

2. Vereinfachung:

> Um Ihnen Zeit und eine Vorladung zur Polizei zu ersparen, wird Ihnen hiermit Gelegenheit gegeben, zu dieser Beschuldigung schriftlich Stellung zu nehmen.
> (Die Vorladung ist zum Zwecke einer Vernehmung.)

4 Befreiung ist gut

> (Nach § 4 des Gesetzes über die vorläufige Unterbringung in den Übergangswohnheimen sind Sie von der Entrichtung der Gebühren (für die Benutzung der oben genannten Einrichtung befreit.

Der Text links ist aus einem Schreiben eines Übergangswohnheims für Aussiedler. Erklären Sie:

- eine Person *unterbringen* = _____
_____

- Gebühren *entrichten* = Gebühren _____

- Mit *Einrichtung* ist in diesem Text ein Haus gemeint. Um welche Einrichtung handelt es sich hier?

_____

1. Vereinfachung: Die Anfangsklammern sind schon im Text gesetzt. Setzen Sie passende Endklammern.

2. Vereinfachung: Schreiben Sie den Text ohne die eingeklammerten Teile in Ihr Heft.

Formulare

1 Fotos

Überall muss man heute Formulare ausfüllen – selbst für Foto-Abzüge.

Markieren Sie alle Zeilen und Kästchen **rot**, wo man etwas ausfüllen **kann**. (7 Zeilen und 18 Kästchen)

Streichen Sie die Felder durch, in die man **nichts** schreiben **darf**.

Füllen Sie das Formular aus: Sie möchten große, matte Farb-Abzüge nachbestellen (kein Bild vom Bild, kein Dia Film).

Wie viele Zeilen füllen Sie aus? ____

Wie viele Kästchen kreuzen Sie an? ____

Recht & Gesetz

2 Abwesenheitsmeldung

Wenn Aussiedler/innen den Ort ihres Wohnheims
verlassen wollen, müssen sie dafür ein Formular ausfüllen:

Übergangswohnheim/Ausweichunterkunft:
▓▓▓▓▓▓

A b w e s e n h e i t s m e l d u n g
(bitte bei der Verwaltung Ihrer Unterkunft abgeben)

_____
(Name)

_____
(Vorname)

Hiermit melde ich mich/unsere Familie, bestehend aus . . . Personen,
für die Zeit vom . . . . . bis . . . . . , insgesamt . . . . Tage, vorübergehend
bei dem Hess. Übergangswohnheim ▓▓▓▓▓▓ ab.
Der Grund für die vorübergehende Abwesenheit ist folgender:
_____
_____

Mir/Uns ist bekannt, dass auch für die Zeit der vorübergehenden Abwesenheit die Gebühr für die Unterbringung zu entrichten ist und dass bei einer nicht angemeldeten Abwesenheit von mehr als 2 Wochen das Aufenthaltsrecht im Wohnheim erlischt.

_____
(Unterschrift)

Der Hausverwaltung zur Kenntnis:
Dem Hess. Übergangswohnheim ▓▓▓▓▓▓ zur Kenntnis:

Erklären Sie: *das Aufenthaltsrecht erlischt*

_____

Schreiben Sie den fett gedruckten Text in verständlicher Umgangssprache.

_____
_____
_____

Was könnte *ein Grund für die vorübergehende Abwesenheit* sein?
Tragen Sie ihn in das Formular ein.

83

3 Worum geht's?

Worum geht es bei diesem Formular? _____

Schriftliche Äußerung zu umseitigem Sachverhalt
(Bitte vollständig und leserlich ausfüllen)

1. Angaben zur Person

Familienname/Ehename/
auch Geburtsname _____

Vorname(n) _____

Familienstand und
ausgeübte Tätigkeit _____

Wohnanschrift (Postleitzahl,
Ort, Land-/Stadtkreis) _____

Straße und Hausnummer _____

Geburtsdatum _____

Geburtsort, Kreis/Land _____

Fernsprecher _____

2. Belehrung:

Nach den gesetzlichen Bestimmungen steht es Ihnen frei, sich zu der Beschuldigung zu äußern oder keine Angaben zur Sache zu machen. Im Übrigen können Sie jederzeit einen Verteidiger befragen. Darüber hinaus können Sie zu Ihrer Entlastung einzelne Beweiserhebungen beantragen.
Sie sind jedoch verpflichtet, Ihre **Personalien** richtig anzugeben (§ 111 Gesetz über Ordnungswidrigkeiten (OWiG)).

3. Angaben zur Sache:

Monatliches Netto-Einkommen: _____ Netto-Einkommen des Ehegatten: _____

Wird Straftat zugegeben? ☐ ja ☐ nein

Wenn nein mit welcher Begründung? _____

_____

_____, den _____

_____
(Unterschrift)

Lesen Sie im Formular den Abschnitt 2. *Belehrung*.
Füllen Sie dann den Teil des Formulars aus,
den Sie unbedingt ausfüllen **müssen**.
Es sind die Angaben unter Nr. ____.
Welchen Teil **müssen** Sie **nicht** ausfüllen? Nr. ___

Wohnen

In diesem Kapitel lernen Sie:

Texte und Situationen
→ verschiedene Textformen unterscheiden
→ mit dem Wörterbuch arbeiten

Raus mit der Sprache!!!
→ Hauptsätze und Nebensätze
→ Relativsätze
→ Fragewort-Nebensätze

11

Textarten

1 Was ist was?

Sie haben in diesem Arbeitsbuch viele Textarten kennen gelernt: *Stellungnahme, Anleitung, Erlebniserzählung, Beschreibung, Geschäftsbrief, Bericht, Inhaltsangabe, Gedicht, Formular, ...*

In den Texten auf dieser und der nächsten Seite geht es um das Thema *Wohnen*. Aber es ist jedes Mal eine andere Textart.

Schreiben Sie unter jeden Text, um was für eine Textart es sich handelt und auf welchen Seiten sie in diesem Buch geübt wird. Das können Sie auf **Seite 95** nachschlagen.

❶

Die Wohnung ist 79 m² groß. Sie hat vier mittelgroße Zimmer, eine Küche und ein Bad. Die Wohnung ist sehr hell, denn viele Zimmer liegen nach Süden. Am Wohnzimmer ist ein kleiner Balkon. Alle Zimmer sind frisch renoviert. Die Wände sind mit grober Raufasertapete tapeziert und in hellen Farben gestrichen: hellgelb, hellblau, weiß. Auf dem Fußboden liegt ein pflegeleichter PVC-Belag. Im Bad sind an den Wänden und am Boden kleine Fliesen in blaugrauer Farbe ohne Muster. Die Wohnung wirkt einladend.

Textart: _____

- Die Textart wird in diesem Buch geübt auf den Seiten _____.
- Bei dieser Textart sind besonders _____wörter wichtig.

❷

Einheitsmietvertrag

Zwischen   als Vermieter

Vor- und Zuname, Firma

Straße, Nr., Ort

vertreten durch

und   als Mieter

Vor- und Zuname, Firma

Vor- und Zuname
der Ehefrau,

z. Zt. wohnhaft in
Straße, Nr., Ort

wird folgender Mietvertrag geschlossen:

Textart: _____

- Die Textart wird in diesem Buch geübt auf den Seiten _____.

Wohnen

3

Dienstagmorgen 6.00 Uhr. Mein Bruder kommt ins Zimmer und schnauzt rum: „Wenn du nicht endlich aufstehst und deine Autosammlung einpackst, schmeißt Vater sie einfach in eine Kiste und dann ... ." Meine Autosammlung! Verdammt! Die wollte ich gestern Abend noch verpacken. Aber dann war da noch das Fußballspiel im Fernsehen ... Und heute ziehen wir um!

Hastig springe ich auf, um meine Autos zu retten. Aber in meinem Zimmer finde ich sie nicht. Ich frage meinen Bruder. Ich frage meine Mutter. Ich frage meinen Vater. „Kümmer dich gefälligst rechtzeitig um deinen Kram!", ist die Antwort.

Draußen fährt ein Lkw vor. Schon der Möbelwagen? Ich schaue zum Fenster raus. Nein, nur die Müllabfuhr! Neben den Mülltonnen stehen wieder mal viele Säcke und Kartons. Ob sie die diesmal auch mitnehmen? Ein Karton kommt mir irgendwie bekannt vor. Da drin war doch immer ... Meine Autosammlung! In zehn Sekunden stürze ich die Treppe hinunter.

Nach vier Stunden Suche auf der Müllhalde gebe ich auf. Hoffnungslos! Für immer futsch, meine Sammlung! „Scheiß-Fußballspiel", denke ich. Aber was nütztʼs?

Textart: _____
- Die Textart wird in diesem Buch geübt auf den Seiten _____.
- Eine _____ muss einen _____ haben und _____ sein.

4

Der Möbelwagen kam am Dienstag um 7.00 Uhr in die Königsallee 209.

Um 10.30 Uhr war der Möbelwagen fertig beladen. Die Fahrt zur neuen Wohnung dauerte 45 Minuten. Nach einer Pause von 30 Minuten begann das Ausladen im Waldweg 17 gegen 12.00 Uhr.

Um 14.00 Uhr waren alle Gegenstände ausgeladen. Das Aufstellen der Schränke und Regale durch die Möbelpacker erfolgte von 14.45 bis 17.00 Uhr.

Der Möbelwagen verließ den Waldweg kurz nach 17.00 Uhr.

Textart: _____
- Die Textart wird in diesem Buch geübt auf den Seiten _____.
- Ein _____ antwortet auf die Fragen: _____

5

Oben ist das Leben bunt.
Unten wohnt ein armer Hund.
Links wohnt Müller,
rechts wohnt Meier,
in der Mitte wohnt ein Bayer.
Vorne ist ein kleiner Zoo,
hinten ist ein deutsches Klo.

VIKTOR AUGUSTIN

Textart: _____
- Die Textart wird in diesem Buch geübt auf den Seiten _____.
- Bei diesem _____ stehen am Ende der Zeile _____.

Wörterbuch

Nach dem Alphabet: Benachrichtigung

Umzugskarton
Wohngeld
Wandfarbe
Möbelpacker
Einrichtung
Renovierung
Nachmieter
Kündigung
Mietvertrag
Zeitungsannonce
Nachsendeantrag
Stromrechnung
Nebenkosten
Hausordnung
Benachrichtigung
Telefon

1 Sortieren

Wenn man ein Wort im Wörterbuch nachschlagen will, muss man das Alphabet auswendig können, und zwar sehr schnell.
Schreiben Sie das Alphabet links außen von oben nach unten.
Sie haben 30 Sekunden Zeit.

Sortieren Sie die Wörter links nach dem Alphabet.
Mit welchen Buchstaben beginnen mehrere Wörter?

___ ___ ___

Welches Wort steht nach dem Sortieren wieder an derselben Stelle?

2 Schau genau

Wenn mehrere Wörter denselben *ersten Buchstaben* haben, muss man beim Sortieren nach dem *zweiten* gehen.
Sind die *zweiten Buchstaben* auch gleich, muss man sich nach dem *dritten* richten.
Und so weiter ...

Sortieren Sie diese Wörter alphabetisch:
Wohngeld, wohnen, Wohnung, Wohnzimmer, Wohnungsschlüssel, Wohnhaus, Wohnungsanzeige, wohnlich, Wohnhäuser, Wohnblock, wohnhaft.

3 Lexikon

Suchen Sie diese Wörter in einem Fremdwörter-Lexikon und schreiben Sie die deutsche Übersetzung in Ihr Heft:
→ *renovieren, Annonce, Kaution.*

Wohnen

Raus mit der Sprache!!!

1 Nebensätze: Nebensache?
Welche Nebensätze passen hinter die Hauptsätze?
Verbinden Sie mit einem Strich.

Hauptsätze
(A) Ich besorge noch ein paar Kartons, ...
(B) Hans ist von zu Hause ausgezogen, ...
(C) Morgen kaufe ich mir ein neues Regal, ...
(D) Vielleicht klappt es mit der Wohnung, ...
(E) Wir hatten schon alles gepackt, ...

Nebensätze
... weil er genug Geld verdient.
... als der Möbelwagen kam.
... wenn sie meinen Eltern gefällt.
... damit wir schon packen können.
... falls ich Zeit habe.

Unterstreichen Sie am Anfang von jedem Nebensatz das Bindewort.

na klar!
Nebensätze mit Bindewörtern (*Konjunktionen*) können antworten auf die Fragen:
→ *Warum?* (Grund)
→ *Wozu?* (Zweck)
→ *Wann? Wie lange?* (Zeit)
→ *Unter welcher Bedingung?* (Bedingung)

2 Wozu? Warum?
Lesen Sie den Merksatz.
Stellen Sie dann zu jedem Nebensatz von Aufgabe 1 die richtige Frage:

A *Wozu besorgst du noch* _____

B _____
C _____
D _____
E _____

3 Zeit-Angaben
Schreiben Sie zu dem Hauptsatz verschiedene passende Nebensätze:

Ich suche mir eine Wohnung,

■ wenn ich _____

■ nachdem ich _____

■ bevor ich _____

■ während ich _____

Auf welche Frage/n antworten Ihre Nebensätze?

_____

89

4 Dass-Sätze

Es gibt auch Nebensätze mit Bindewörtern,
die auf die Frage „Was ... ?" antworten:

→ *Ich hoffe, **dass** die Miete nicht erhöht wird.* (Was hoffe ich?)
→ *Ich weiß nicht, **ob** der Vermieter so nett ist.* (Was weiß ich nicht?)

Ergänzen Sie einen passenden Nebensatz:

■ Ich glaube, dass _____

■ Wir wünschen uns, dass _____

■ Er hofft, dass _____

■ Ich weiß nicht, ob _____

■ Sie fragt, ob _____

5 Indirekt

Mit „ob"- und „dass"-Sätzen
kann man ein Gespräch auch
indirekt nacherzählen:

■ Sie fragt, *ob die Wohnung noch frei ist.*

■ Er antwortet, *dass* _____

_____

■ Sie fragt, *ob* _____

■ Er antwortet, _____

■ Sie fragt, _____

■ Er _____

■ Sie _____

Sie: Ist die Wohnung noch frei?
Er: Die ist noch frei.
Sie: Muss sie renoviert werden?
Er: Die ist frisch renoviert.
Sie: Kann ich die Wohnung heute besichtigen?
Er: Das geht erst nächste Woche.
Sie: Dann rufe ich nächste Woche noch mal an.

6 Frage-Nebensätze

Schreiben Sie die Fragen in indirekter Form.
Wie bei der Frage selbst steht das
Fragewort am Anfang des Nebensatzes.

■ Tom fragt, *wann* _____

■ Ina fragt, _____

■ Natalie _____

■ _____

Tom: *Wann* kommt der Bus?
Ina: *Wer* hat vorhin angerufen?
Natalie: *Wohin* willst du?
Oli: *Was* haben die gesagt?

Wohnen

7 Welche?

Mit Relativsätzen kann man erklären:
➜ *Wir nehmen die Wohnung, **die** wir uns vorgestern angesehen haben.*
➜ *Meinst du die, in **der** jetzt renoviert wird?*

na klar!

Nebensätze, die sich auf ein vorangehendes Wort beziehen, heißen **Relativsätze**:
➜ *Wir brauchen drei **Zimmer**, **die** schön hell sind.*

Das **Relativ-Fürwort** steht an erster oder zweiter Stelle im Relativsatz:
➜ *Ich möchte ein **Zimmer**, in **das** mein großer Schrank passt.*

Schreiben Sie die Buchstabenreihen als richtigen Satz:

■ *KennstdudieWohngenossenschaftdieschräggegenüberderSchuleist?*

___

■ *IchgeheniemehrzuderWohngenossenschaftbeidersiesounfreundlichwaren.*

___

■ *WieheißtdieWohngenossenschaftindiedeineElterneingetretensind?*

___

Unterstreichen Sie die Relativ-Fürwörter und setzen Sie die Kommas.

na klar!

Ein Nebensatz kann
➜ **vor** dem Hauptsatz stehen
➜ **nach** dem Hauptsatz stehen
➜ **in** den Hauptsatz **eingeschoben** sein.

Ein Hauptsatz kann **mehrere Nebensätze** haben.

8 Eingekreist

Unterstreichen Sie die Nebensätze.

■ Ich habe keine Ahnung, ⓦⓘⓔ hoch die Miete sein wird.

■ Falls wir die Wohnung bekommen, sage ich dir Bescheid.

■ Ich bin längst eingeschlafen, bevor du mit dem Packen fertig bist.

■ Das Regal, auf dem du deine Bücher hast, gefällt mir sehr gut.

■ Während du telefoniert hast, habe ich den Katalog gefunden, den du gesucht hast.

Kreisen Sie das Wort am Anfang des Nebensatzes ein.
Es kann ein Bindewort, Relativ-Fürwort oder Fragewort sein.

91

> Am Anfang fand ich alles ätzend.

> Ich hab jetzt den Hauptschulabschluss. Das ist doch was!

> Am meisten hab ich im Praktikum gelernt.

> Einiges war gar nicht übel.

> Mathe fand ich am besten.

> Also, die Lehrer/innen, die waren …

> Mit … bin ich nicht zurechtgekommen.

> Ich fand … öde.

> Ich hab ein paar nette Typen kennen gelernt.

Rückblick

Wie hat Ihnen der Kurs gefallen? Blicken auch Sie zurück.

1. Stichworte Grammatik

Raus mit der Sprache!!!

Adjektive (Eigenschaftswörter) 32, 35, 37, 38
Anfangsbausteine 9, 10, 29, 70
Artikel (Begleiter) 9, 11, 12, 37
Ausrufe 76, 77
-bar (Endbaustein) 38
Bausteine 9, 10, 11, 24, 26, 29, 37, 38, 70
Befehlsform 25
Begleiter *(Artikel)* 9, 11, 12, 37
Bindewörter *(Konjunktionen)* 89–91
der, die, das (Begleiter, *Artikel*) 9, 11, 12, 37
direkte Rede 76, 77
„Du"-Form 24
Eigenschaftswörter *(Adjektive)* 32, 35, 37, 38
Einzahl *(Singular)* 19
Endbausteine 9, 11, 24, 26, 37, 38
Familienstamm (Stamm, Wortstamm) 9, 78
Fragewörter 90, 91
Frage-Nebensätze 90
Futur (Zukunft) 60
Gegenwart 57, 76
Grundform *(Infinitiv)* 24, 27, 60, 78
haben 17
-haft (Endbaustein) 38
Hauptsätze 89, 91
Hauptwörter *(Substantive)* 9–12, 20, 29, 37, 70
-heit (Endbaustein) 11
Höflichkeitsform (mit dem *Konjunktiv*) 61
„Ich"-Form 54
-ig (Endbaustein) 37, 38
indirekte Rede 90
Infinitiv (Grundform) 24, 27, 60, 78
-keit (Endbaustein) 11
Konjunktionen (Bindewörter) 89–91
Konjunktiv (Möglichkeitsform) 61
-lich (Endbaustein) 37, 38
Mehrzahl *(Plural)* 19
Mittelwort *(Partizip)* 17, 26, 33
Möglichkeitsform *(Konjunktiv)* 61
Namen 12
Nebensätze 89–91
Partizipien (Mittelwörter) 17, 26, 33
Passiv (Leideform) 26
Perfekt (Sprech-Vergangenheit) 17, 22, 48

Plural (Mehrzahl) 19
Plusquamperfekt (Vor-Vergangenheit) 33
Präteritum (Schreib-Vergangenheit)
   27, 54, 55
Relativ-Fürwörter *(Relativ-Pronomen)* 91
Relativ-Pronomen (Relativ-Fürwörter*)* 91
*Relativ*sätze 91
-sam (Endbaustein) 38
-schaft (Endbaustein) 11
Schreib-Vergangenheit *(Präteritum)* 27,
   54, 55
sein 17
„Sie"-Form 24
Singular (Einzahl) 19
Sprech-Vergangenheit *(Perfekt)* 17, 22, 48
Stamm (Familienstamm, Wortstamm)
   9, 78
Substantive (Hauptwörter) 9–12, 20, 29,
   37, 70
Tätigkeitswörter *(Verben)* 10, 17, 24–27,
   33, 37, 60, 62, 70, 76, 77
-ung (Endbaustein) 11
ver- (Anfangsbaustein) 29
Verben (Tätigkeitswörter) 10, 17, 24–27,
   33, 37, 60, 62, 70, 76, 77
verwandte Wörter 9, 20, 28, 78
vor- (Anfangsbaustein) 29
Vor-Vergangenheit *(Plusquamperfekt)* 33
werden 26, 60
Wortfamilien 9, 10
Wortfeld 10
Wortstamm (Familienstamm, Stamm)
   9, 78
Wortzusammensetzungen 9, 20, 37,
   69, 70
würden 61
Zukunft *(Futur)* 60
zweiteiliges Tätigkeitswort 17, 33, 48, 60

Rechtschreibung

aa (doppelter Selbstlaut) 70
ä oder e? 78
Alphabet 88
äu 78
Anrede 68
bb (doppelter Mitlaut) 52
b oder p? 20
ck 62
dd (doppelter Mitlaut) 62
Dehnung:
→ ie 68
→ Dehnungs-h 69, 70
d oder t? 18, 19
dt 19

ee (doppelter Selbstlaut) 70
e oder ä? 78
ee oder eh? 70
Familienstamm (Stamm, Wortstamm)
   9, 78
ff (doppelter Mitlaut) 52
Fremdwörter 30, 62, 88
g oder k? 28
gg (doppelter Mitlaut) 52
Gähnwörter (lange Selbstlaute) 51, 68,
   69, 70
Großschreibung / Kleinschreibung 12,
   19, 20, 28, 68
i oder ie? 68
„Ihnen"/„Ihre"/„Sie" in Briefen 68
k oder g? 28
Kleinschreibung /Großschreibung 12,
   19, 20, 28, 68
kk (doppelter Mitlaut) 62
Konsonanten (Mitlaute):
→ ähnliche 18–20, 28–30
→ doppelte (eineiige Zwillinge) 51, 52, 62
→ harte 18, 20, 28
→ weiche 18, 20, 28
→ 2 gleiche (eineiige Zwillinge) 51, 52, 62
→ 2 verschiedene (zweieiige Zwillinge) 62
ll (doppelter Mitlaut) 51, 52
Mitlaute *(Konsonanten)*:
→ ähnliche 18–20, 28–30
→ doppelte (eineiige Zwillinge) 51, 52, 62
→ harte 18, 20, 28
→ weiche 18, 20, 28
→ 2 gleiche (eineiige Zwillinge) 51, 52, 62
→ 2 verschiedene (zweieiige Zwillinge) 62
mm (doppelter Mitlaut) 52
nn (doppelter Mitlaut) 52
oo (doppelter Selbstlaut) 70
p oder b? 20
pf 30
pp (doppelter Mitlaut) 52
rr (doppelter Mitlaut) 52
Reimwörter 30, 51, 52, 62, 65, 69
Satzanfang 12
Schnipswörter (kurze Selbstlaute) 51, 52,
   62
Selbstlaute *(Vokale)*:
→ ähnliche 78
→ doppelte 70
→ kurze 51, 52, 62, 68
→ lange 51, 68, 69, 70
„Sie"/„Ihnen"/„Ihre" in Briefen 68
Silben 18–20, 28, 30, 65
Silben-Anfang 19, 20, 28, 30
Silben-Ende 19, 20, 30
Silben-Mitte 30
Silbentrennung 18–20, 28

ss (doppelter Mitlaut) 52
Stamm (Familienstamm, Wortstamm)
   9, 78
t oder d? 18, 19
tt (doppelter Mitlaut) 52
tz 62
v (klingt wie f) 29
v (klingt wie w) 30
ver- 29
verwandte Wörter 9, 20, 28, 78
Vokale:
➜ ähnliche 78
➜ doppelte 70
➜ kurze 51, 52, 62, 68
➜ lange 51, 68, 69, 70
vor- (Vorder-) 29
Wort-Anfang 9
Wort-Ende 9, 19, 20
Wörterbuch 62, 88
Wort-Verlängerungen 19, 28
zz (doppelter Mitlaut) 62

2. Stichworte Texte und Situationen

alphabetisch sortieren 88
Anleitungen 24, 25
Arbeitsschritte 24, 42
Argumente 8, 14–16
Balken-Grafik zeichnen 42
begründen 8, 14–16
Begrüßung 6
Bericht 54–56, 76
Beschreibung:
➜ Gegenstandsbeschreibung 32, 35, 36
➜ Landschaftsbeschreibung 36
➜ Personenbeschreibung 32, 35, 57
Bewerbungsgespräch 45, 46
Bewerbungsschreiben 48, 49, 52
Bibel-Geschichte 57
Briefe:
➜ Amtsbriefe 80, 81
➜ Beschwerdebrief 50
➜ Geschäftsbriefe 48–50
➜ Liebesbriefe 64, 68
➜ persönliche Briefe 12, 64, 67, 68

Comic 67
Erlebniserzählung 33, 34
Erzählung 32, 33
Fachausdrücke 25
Fakten / Tatsachen 15, 41, 54
Formulare 56, 82–84
Fremdwörter-Lexikon 58, 62, 88
Gedichte 65, 66, 69
Grafik lesen 40, 41, 58
Grafik zeichnen 42
Inhaltsangabe / Zusammenfassung
   57–59
Interpretieren 66, 67
kennen lernen 7
Kommentare / Meinungen 14, 15, 41,
   76, 77
Kontaktanzeige 38
Kurzbeschreibung 35
Lebenslauf 46, 47
Lexikon benutzen 58, 62, 88
Meinungen / Kommentare 14, 15, 41,
   76, 77
Notizen / Stichworte 22–24, 42, 54, 77
Protokoll 54
Ratgeber 73
Redensarten 72
Anregeln 8
Reime 30, 51, 52, 62, 65, 69
Reportage:
➜ Berufsreportage 77
➜ Sportreportage 76
Rezept 24, 26
Sage, griechische 27
sich vorstellen 6
Sprichwörter 72, 77
Stellungnahme 14, 15
Stichworte / Notizen 22–24, 42, 54, 77
Tatsachen / Fakten 15, 41, 54
telefonieren 7, 23, 44
Texte vereinfachen 80, 81
Texte verstehen 74, 75
Texte interpretieren 66, 67
übersetzen in heutige Sprache 64
übersetzen in Alltagssprache 80, 81, 83
Umfrage 42
Verlaufsdiagramm 42
Wörterbuch benutzen 58, 62, 88
Wörter erklären 52, 58, 62, 80, 81, 83
Zeitungsanzeigen lesen 59
Zeitungsartikel 15, 34, 73–75, 78
Zusammenfassung / Inhaltsangabe
   57–59, 74, 75

Quellennachweis

Abbildungen

S. 32: Klett-Archiv/
Katrin Niegl, Göppingen (Hose).
S. 36: Klett-Archiv.
S. 40: © Globus 5295.
S. 47: Christoph Kerner/Nils Menrad, Nürtingen.
S. 51: Rolf Schepelmann, Kassel.
S. 57: Internews Norman Schreiber, München/RTL, Köln.
S. 58: © Globus 4793.
S. 67: © 1999 Watterson/Distr. Bulls.
S. 92: Christoph Kerner/Nils Menrad, Nürtingen.

Textquellen

S. 15 4A: Globus-Infografik Oa-4758 vom 6.4.1998.
4D: HNA vom 8.9.1998.
S. 33: „Ein Basketball-Fan erzählt". Aus: Vogt, Vincent: Harte Kämpfer, tolle Spieler. In: Stars – Idole – Vorbilder. Friedrich Verlag, Seelze, 1997, S. 12.
S. 56: ADAC Formular: Europäischer Unfallbericht, Stand Juli 1997, © ADAC Verlag GmbH, München.
S. 58: „Comeback des Kinos" © Globus 4793.
S. 59: Kino-Anzeigen, HNA vom 4.3.1999.
S. 64: Brief. Aus: Mein Herzallerliebster. Bleicher Verlag, Gerlingen 1996, S. 21f.
S. 66: Tatjana M. (17 Jahre). Aus: Sammlung des „Workshop Schreiben" 1976 – 1980, veranstaltet vom „Pädagogischen Zentrum Berlin", hrsg. v. Heinz Blumensath und Gundel Mattenklott.
S. 67: © Marie-Thérèse Schins, Hamburg/ Christoph.
S. 73: „Wird man beim Baden schwanger?" x-press, HNA vom 10.5.1998. „Verhütung". HNA vom 27.2.1998 (gekürzt).
S. 74f: „Keine Prügel". Sonntag aktuell vom 14.9.1997 (dpa).
S. 76: Chantal Louis: „Die Hälfte vom Ball... für die Frauen!" Aus: EMMA, Januar/Februar 1998, S. 56.
S. 78: x-press, HNA vom 16.8.1998 (gekürzt).
S. 87: © Victor Augustin.

Trotz intensiver Bemühungen konnten nicht alle Inhaber von Texten ausfindig gemacht werden. Für entsprechende Hinweise ist der Verlag dankbar.